时代楷模

黄大年

振兴中华
乃我辈之责

1988

1998

2008

2017

广西贵港市港北区高级中学 编

漓江出版社

图书在版编目（CIP）数据

时代楷模黄大年 / 沈京文主编 . —桂林 : 漓江出版社 , 2018.12（2022.6重印）

ISBN 978-7-5407-8626-7

Ⅰ . ①时… Ⅱ . ①沈… Ⅲ . ①黄大年（1958-2017）—生平事迹 Ⅳ . ① K826.14

中国版本图书馆 CIP 数据核字 (2018) 第 302627 号

时代楷模黄大年
SHIDAI KAIMO HUANG DA NIAN

编　　写　广西贵港市港北区高级中学
主　　编　沈京文
出 版 人　刘迪才
责任编辑　苏子新
装帧设计　俞春来

出版发行　漓江出版社有限公司
社　　址　广西桂林市南环路 22 号
邮　　编　541002
发行电话　010-85893190 0773-2583322
传　　真　010-85890870-814 0773-2582200
邮购热线　0773-2583322
电子信箱　ljcbs@163.com
网　　址　http://www.lijiangbooks.com

印　　制　河北浩润印刷有限公司
开　　本　889mm × 1194mm　1/32
印　　张　5
字　　数　150 千
版　　次　2018 年 12 月第 1 版
印　　次　2022 年 6 月第 2 次印刷
书　　号　ISBN 978-7-5407-8626-7
定　　价　38.00 元

黄大年是践行社会主义核心价值观的优秀知识分子的代表，是八桂儿女参与建设世界科技强国的典范，是广西人民的骄傲，是贵港教育深感自豪的荣耀！

值此隆重庆祝中国改革开放40周年和广西壮族自治区成立60周年之际，谨以此书向全国人民献礼！

《时代楷模黄大年》

广西贵港市港北区高级中学　编

主　　编　沈京文

副 主 编　黄志诚　覃世强

编　　辑　黄家新　谭创宇　梁永和　李炎贞

开 篇 辞

2017 年 5 月，中共中央总书记、国家主席、中央军委主席习近平对黄大年同志先进事迹作出重要指示，高度评价黄大年同志的突出贡献和崇高精神，强调要“以黄大年同志为榜样，学习他心有大我、至诚报国的爱国情怀”，在全社会引发强烈反响与共鸣，掀起了宣传学习“时代楷模”黄大年的浪潮。

黄大年少年时代跟随父母在贵县（今贵港市）生活了 11 年，就读于贵县附城高中（今贵港市港北区高级中学），毕业后进入广西第六地质队当了两年物探员，后考入长春地质学院（今吉林大学）。黄大年同志是在贵港成长并走出去的著名地球物理学家，是贵港人民深感自豪的荣耀！

为贯彻落实习近平总书记的重要指示精神，港北区党委、政府积极支持港北区高级中学建设黄大年科技创新教育基地。区长黄英梅等自治区、贵港市各级人大代表在“两会”上提出建议，积极争取各级党委政府的支持。2018 年 5 月，港北区派出考察团访问吉林大学，学习考察吉林大学宣传学习黄大年精神的经验做法，并受邀参加吉林大学“贯彻落实习近平总书记重要指示　继承弘扬黄大年精神”座谈会。2018 年 10 月 8 日，“港北高中黄大年纪念馆”正式开馆并向公众开放，目前已接待参观者近两万人次，入选贵港市爱国主义教育基地。在自治区、贵港市各级党委政府的关怀下，港北区高级中学黄大年科技楼、黄大年纪念广场正在规划建设中。

贵港是一座拥有两千多年历史的古郡新城，是一座爱国之城、拥军之城、红色之城。在贵港生活学习工作的青少年时代给黄大年英雄的人生留下了深刻的印记。挖掘、保存这些印记，并凝练出爱国、励志、科技报国的宝贵教育资源和精神财富，是社会各界的期盼，也是港北区教育界义不容辞的责任。《时代楷模黄大年》就是成果之一。本书的编者邀请贵港市教育战线的老局长、老校长，以及黄大年的同学队友到校座谈，共同缅怀黄大年的先进事迹，一起踏访黄大年在贵港的成长足迹，分别撰文，汇编成册。

《时代楷模黄大年》的汇编得到了市委、市政府和有关单位、学校领导的大力支持，黄大年母校吉林大学地球探测科学与技术学院党委书记高淑贞及黄大年的弟弟黄大文亲自为该书撰文，我们深表谢意！

广西壮族自治区贵港市港北区副区长　杨　曦

2018 年 12 月

目　录

【总书记点赞】

习近平总书记对黄大年同志先进事迹作出重要指示

中共中央总书记、国家主席、中央军委主席习近平近日对黄大年同志先进事迹作出重要指示指出，黄大年同志秉持科技报国理想，把为祖国富强、民族振兴、人民幸福贡献力量作为毕生追求，为我国教育科研事业作出了突出贡献，他的先进事迹感人肺腑。

习近平强调，我们要以黄大年同志为榜样，学习他心有大我、至诚报国的爱国情怀，学习他教书育人、敢为人先的敬业精神，学习他淡泊名利、甘于奉献的高尚情操，把爱国之情、报国之志融入祖国改革发展的伟大事业之中、融入人民创造历史的伟大奋斗之中，从自己做起，从本职岗位做起，为实现“两个一百年”奋斗目标、实现中华民族伟大复兴的中国梦贡献智慧和力量。

【总书记点赞】

2010年7月，70多位“千人计划”专家应中央有关部委邀请到北戴河疗养，得到习近平等国家领导人的亲切接见并合影留念。这是黄大年一生最大的荣耀，他亲自把照片挂在办公室最显眼的地方，鼓励同事们说：“党中央那么关心支持，我们一定要加倍努力干啊！”

习近平总书记历来高度重视知识分子，他说，我国广大知识分子是社会的精英、国家的栋梁、人民的骄傲，也是国家的宝贵财富。2016年10月黄大年应邀参加“庆祝中华人民共和国成立67周年”活动，这是他在人民大会堂宴会厅的留影。

贵港市是黄大年读书成长的第二故乡。黄大年在贵县学习、工作、生活了11年，为他的成长奠定了基础。

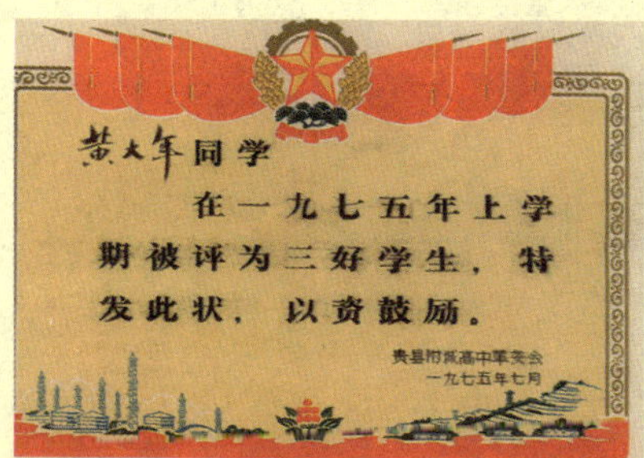
黄大年同学

在一九七五年上学期被评为三好学生，特发此状，以资鼓励。

贵县附城高中革委会

一九七五年七月

黄大年

在一九七五年上学期被评为优秀团员，特发此状，以资鼓励。

黄大年是品学兼优的学生，这是他在贵县附城高中荣获的三好学生、优秀团员奖状。

贵县附城高中篮球队参加全县中学生篮球比赛后合影，前排中是黄大年。

贵县附城高中75届21班同学毕业合影，后排左八是黄大年。

2003年10月，黄大年从英国回来，参加贵县附城高中75届21班师生聚会合影留念。前排中为谭耀强老师，后排左五为黄大年。

高中毕业后，黄大年考入广西第六地质队，在三分队当了两年物探员，从此他与地球物理学结下不解之缘。

黄大年 同志，在一九七六年"工业学大庆"群众运动中，荣获先进生产者光荣称号。希发扬成绩，再接再厉，为实现地质工作新跃进而努力奋斗。

广西第六地质队党委革委会

一九七六年[illegible]

黄大年在广西第六地质队工作扎实、成绩突出，被评为优秀团员、"工业学大庆"先进个人。

1978 年 2 月，黄大年在大舅和表姐陪同下从贵县火车站启程，前往首都北京转乘火车到吉林长春报到入学。特意到天安门前留影，把祖国永远记在心中。

【长春筑梦】

1977 年恢复高考，黄大年以优异成绩考入长春地质学院，开始了他的科技兴国之梦。

1978 年 2 月，黄大年入学报到时，带着灿烂的微笑在长春地质学院门前留影，他对前途命运充满信心。

长春地质学院是著名地质学家李四光创办的第一所地质专科学校，是黄大年等大批青年学子心目中的地探学术殿堂。

奖状

黄大年 同学

在"学雷锋,创三好,树新风"活动中被评为一九七八年度"三好"学生,特发此状,以资鼓励。

长春地质学院

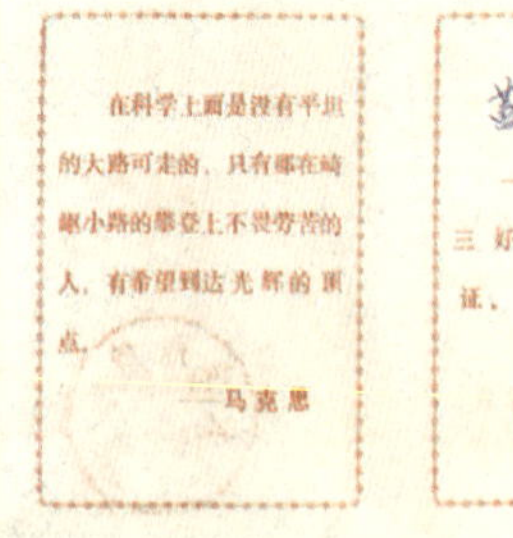

在科学上面是没有平坦的大路可走的，只有那在崎岖小路的攀登上不畏劳苦的人，有希望到达光辉的顶点。

——马克思

黄大年同学：

一九八〇年被评为三好学生，特发此证。

长春地质学院

黄大年在长春地质学院荣获的"三好学生"奖状。

1982年黄大年在大学毕业留念相册上写下:“振兴中华，乃我辈之责!”这是黄大年振兴中华的理想，也是他对同学校友的赠言。

黄大年所在的长春地质学院3773班同学毕业合影留念（后排右一为黄大年）。

黄大年在给学生上课。

黄大年（后排左三）在大学毕业20周年时与同学合影。

1992年秋是黄大年人生又一个重要转折点。通过教育部层层筛选，黄大年获得中英友好奖学金项目的全额资助，被派往英国十大名校之一的利兹大学攻读博士学位。1996年冬，黄大年以排名第一的优异成绩，获得地球物理学博士学位，成为英国利兹大学最优秀的毕业生之一。

【英伦飞翔】

黄大年读博士毕业回国第二年，又被派往英国从事地球探测研究工作，他凭着自己坚实的科技知识、果敢的创新精神、超凡的管理能力，成为剑桥大学高级研究员、英国某航空地球物理公司研发部主任、世界著名地球物理学家。

黄大年在英国和德国讲学时留影。

18年的艰辛历练，黄大年在英国功成名就，妻子开有两间诊所，女儿上了大学，一家人其乐融融。

黄大年一家三口在英国剑桥骑车郊游。

黄大年在英国剑桥河畔与父母、女儿合影留念。

【至诚报国】

“对我而言，我从未和祖国分开过，只要祖国需要，我必将全力以赴。”2009 年 12 月，黄大年毅然放弃在英国的优厚待遇，回到祖国，成为东北地区国家“千人计划”专家第一人。

2015 年 1 月，黄大年圆满完成“千人计划”五年任期后，又与吉林大学续签第二份合同。

黄大年在 2011 年度项目进展汇报会上与科研团队合影。

2013 年 10 月，在欧美同学会成立 100 周年庆祝大会上，黄大年作了题为《科学无国界，科学家有祖国》的演讲，博得全场热烈掌声。

黄大年夜以继日地战斗在中国地球深部探测实验平台上。

【至诚报国】

黄大年担任国家“千人计划”联谊会副会长、鲲海创新研究院副院长，在他的感召下，越来越多的“千人计划”专家和海归科学家为国建功立业。

黄大年同吉林大学“千人计划”联谊会成员合影。

黄大年与吉林大学欧美同学会、留学人员联谊会理事会成员合影。

【教书育人】

“我最看重的职业是教师，教书育人是教师的天职。”黄大年不仅是战略科学家，也是目光高远的教育家。

黄大年担任“李四光实验班”的班主任，他出钱给每个学生买一台电脑，而且把自己的“小家”变成学生的“大家”。

在黄大年眼里，“每一个学生都是块璞玉，只要因材施教定能成才”。图为他正在耐心指导学生进行科学研究。

黄大年病重住院，打着吊针仍在辅导学生。

学生们满怀感恩之心，祝福黄大年老师康复出院。

“一定要出去，出去了一定要回来；一定要出息，出息了一定要报国。”黄大年激励学生要树立远大理想和家国情怀。

吉林大学二〇一六届毕业生毕业典礼暨学位授予仪式。

2011 年教师节，黄大年被评为吉林大学“三育人”标兵。7 年间，在黄大年指导的研究生中，有 14 人获省部级奖励、8 人获国家奖学金、3 人获“李四光奖”。

【敢为人先】

黄大年是中国地球深探技术装备研发的领军人。他说:“我们已经落后很多年了,就不能从零开始,而是要把国外最先进的设备买回来,对关键部位和插件进行升级改造,让我们的‘蓝军’直接进入‘红军’的心脏,一举站到巨人的肩膀上。”

黄大年在深部探测关键仪器装备研讨会上发言,阐明他的“红蓝军路线”设想,众人认为,这是“惊世骇俗”的奇谈。

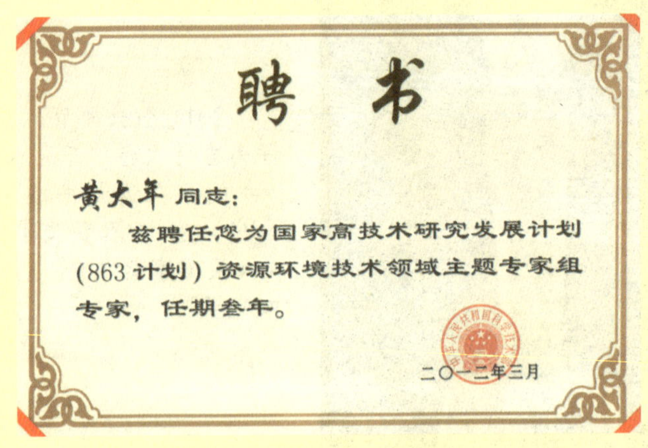

聘书

黄大年同志:

兹聘任您为国家高技术研究发展计划(863计划)资源环境技术领域主题专家组专家,任期叁年。

二〇一二年三月

2011年中国地质科学院聘请黄大年为客座研究员。2012年中国科技部聘请黄大年为国家高技术研究发展计划(863计划)专家组专家。

黄大年回国 7 年，取得一系列重大科研成果，实现了多项“中国第一”，为我国深部探测技术研发奠定了基础。

荣誉证书

[HONOR CERTIFICATE]

JZ-DZXH2014-G05-12

黄大年：

您参与完成的“深部探测技术与实验研究专项”项日荣获中国地质学会 2013 年度十大地质科技进展。

特发此证。

二〇一四年一月十九日

黄大年荣获中国地质学会颁发“2013 年度十大地质科技进展”荣誉证书。

固定翼无人机航磁探测系统工程样机研制成功，填补了我国无人机探测技术的空白。图为黄大年在无人机试飞现场指导工作。

2014 年 9 月，在中国侨联第五届新侨创新成果交流表彰大会上，黄大年荣获“科技创新奖”。

我国首台万米大陆科学钻探钻机“地壳一号”研发成功，中国成为继俄罗斯、德国之后第三个拥有这项装备和技术的国家。图为黄大年与验收专家合影留念。

黄大年的头衔共有九个，他肩负着十分繁重的教学和科研任务。黄大年淡泊名利，甘于奉献，始终把敬业拼搏作为默默坚守的道德境界。领导多次动员他申报“两院”院士，他总是说：“现在很忙，等忙完工作再说。”

项目负责人：“千人计划”黄大年教授简介

黄大年：吉林大学地球探测科学与技术学院教授
吉林大学交叉学部部长
国家863环资领域主题专家
教育部科技委地学部副部长
国家第二批“千人计划”专家
吉林大学移动平台探测团队主任
“千人计划”DARPA工作组副组长
国家深探专项装备研发项目首席科学家
国家863航空探测装备主题项目首席科学家

【鞠躬尽瘁】

《我爱你，中国》是黄大年最爱听、最爱唱的歌，每当听到或唱起这首歌，他总是热泪盈眶。

黄大年以只争朝夕的精神投身教育科研，创造了多项"中国第一"，谱写了一首矢志创新的奋斗之歌，树起了一座勇攀高峰的精神丰碑！

2017年5月24日，中共中央总书记、国家主席、中央军委主席习近平对黄大年同志先进事迹作出重要指示，高度评价他的突出贡献和崇高精神，号召大家向黄大年同志学习。

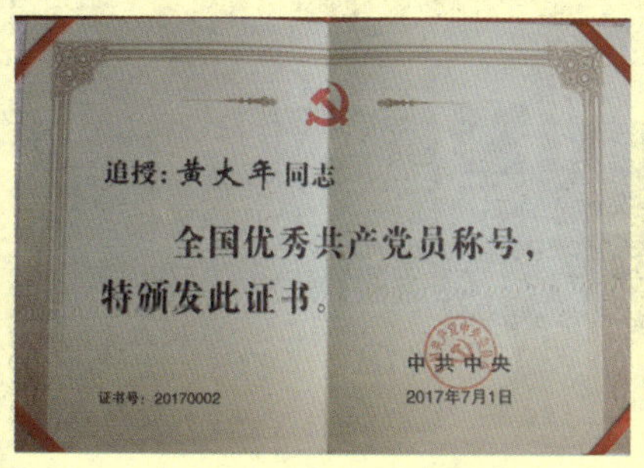

2017年7月23日，中共中央追授黄大年同志“全国优秀共产党员”称号，号召广大党员干部向黄大年同志学习。

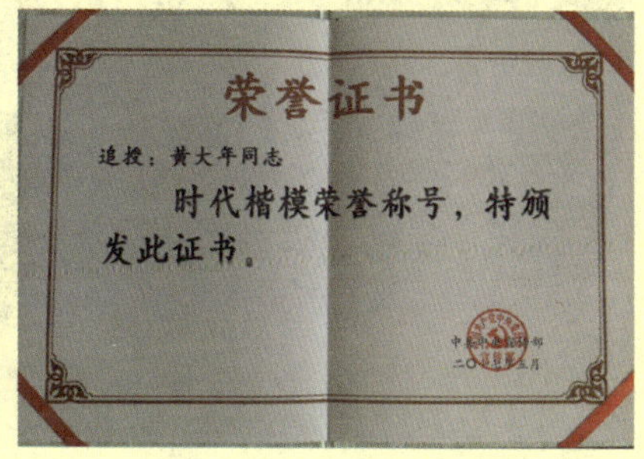

2017年5月26日，中共中央宣传部追授黄大年同志“时代楷模”荣誉称号。

2017年2月24日，中共吉林省委、省政府追授黄大年同志“吉林省特等劳动模范”荣誉称号。

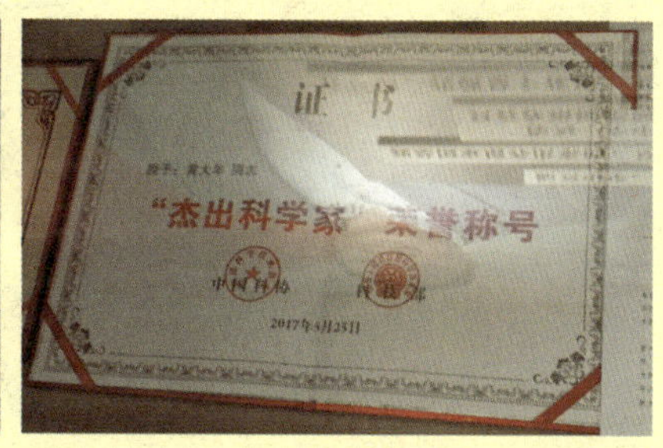

2017年5月25日，中国科协、科技部追授黄大年同志“杰出科学家”荣誉称号。

2018 年 9 月 18 日，贵港市隆重举行“黄大年同志事迹展馆”揭牌仪式，市四家班子领导和广西地矿局领导参加。右起：市委宣传部部长黄卫平（主持），广西地矿局总工程师张起钻，黄大年弟弟黄大文（揭牌），市政府市长农融，市委书记、市人大常委会主任李新元（揭牌并致词），市政协主席肖明贵，广西地矿局副书记、副局长战明国，市委组织部长武林东，市纪委书记秦金敏，广西第六地质队队长雷英凭。

2017 年教师节，中共港北区委宣传部、港北区教育局联合主办报告会，邀请黄大年的弟弟黄大文到港北高中向全校师生宣讲黄大年的先进事迹。

2018年5月22—26日，港北区副区长杨曦和港北高中校长覃秋明应邀参加吉林大学主办的"贯彻习近平总书记重要指示，继承弘扬黄大年精神"座谈会，吉林大学授予港北高中"吉林大学优秀生源基地"和"黄大年协同育人基地"两块牌匾。图为覃秋明校长登台接牌。

吉林大学地球探测科学与技术学院党委书记高淑贞（右三）和宣传部刘飒、冯世博及黄大年的高中化学老师朱朝阳等人，到港北高中采集黄大年的成长材料，座谈结束后，在港北区副区长杨曦（右一）陪同下，来到黄大年纪念馆前听取覃秋明校长介绍建馆情况。

广西教育工委副书记满昌学（前排右）和教育厅基教处处长罗索（前排左）到港北高中参观黄大年纪念馆，希望港北高中着力建成"黄大年科技创新教育基地"。

贵港市人大常委会副主任刘新玲、区人大主任韦魏和贵港市教育局局长余铖武等领导到港北高中督办人大代表“关于建设黄大年科技创新教育基地提案”的落实情况。

2018年教师节，中共港北区委书记玉彤、副区长杨曦由港北区教育局局长徐伯洲陪同，到港北高中慰问教师，对黄大年纪念馆建设表示满意。

2018年10月8日，在“港北高中黄大年纪念馆”开馆仪式上，港北区副区长杨曦致词。

市教育局副局长黄伟然（右二）、港北区宣传部部长吴华勇（左四）、港北区副区长杨曦（右一）、港北区教育局局长徐伯洲（左二）向黄大年弟弟黄大文（右三）、同学蔡琼（右四）、司志刚（左一）颁发捐赠黄大年物品的荣誉证书。

主编沈京文（中）、副主编黄志诚（左一）、覃世强（右一）深入第六地质队采访，与黄大年的同学、队友、老师共同追忆黄大年的成长故事。

贵港市港北区教育局召开动员大会，徐伯洲局长要求全区中小学校广泛开展学习黄大年先进事迹活动。

【精神永存】

中共港北区委组织部、宣传部开展“弘扬爱国主义精神，凝聚干事创业力量”主题党日活动。大圩镇各学校党支部成员到港北高中黄大年纪念馆参观学习，市教育局老局长沈京文义务担任讲解员。

中共港南区委组织部部长姚幼梅（前排右五）带领党支部成员到港北高中黄大年纪念馆参观学习。

贵港市关工委邀请沈京文老局长到三区学校宣讲英雄黄大年的先进事迹，图为覃塘高中6000多名师生专心聆听报告，深受黄大年的崇高精神所感动。校长韦锦星主持报告会。

黄大年名言警句

沈京文　选录

“振兴中华，乃我辈之责！”

——黄大年

“人的生命相对于历史的长河不过是短暂一现，随波逐流只能是枉自一生，若能做一朵小小的浪花奔腾，呼啸加入献身者的滚滚洪流中推动历史向前发展，我觉得这才是一生中值得骄傲的事情。”

——黄大年

“我是国家培养出来的，从来没觉得我和祖国分开过，我的归宿在中国。”

——黄大年

“能够越洋求学，获取他山之石仅是偶然，回归故里报效祖国才是必然。”

——黄大年

“对我而言，我从未和祖国分开过，只要祖国需要，我必全力以赴。”

——黄大年

“国家对‘海归’这么重视，我们更应该倾尽所有报效祖国。”

——黄大年

“我最看重的身份是教师，教书育人是教师的天职。”

——黄大年

“每一个学生都是块璞玉，只要因材施教定能成才。”

——黄大年

“你们一定要出去，出去了一定要回来；你们一定要出息，出息了一定要报国。”

——黄大年

“作为中国人，无论你在国外取得多大成绩，如果你所研究的领域在自己的祖国却有很大的差距甚至刚刚起步，那你都不是真正意义上的成功。”

——黄大年

“你们要做好心理准备，跟我搞科研将会很辛苦，但一定很值得。”

——黄大年

“既然我们落后很多年了，就不能从零开始，而是要把国外最先进的设备买过来，对关键部位和插件进行升级改造，让我们的‘蓝军’直接进入‘红军’的心脏，一举站到巨人的肩膀上。”

——黄大年

“为了理想，我愿做先行者、牺牲者。我已经50多岁了，生命也就是这么几年了，能做出点儿事情，让后来人有一条更好走的路。”

——黄大年

“在中国做科学，像我这样的人挺多的，玩命去干，好了接着干。为什么这么干？其实很简单，国家的事都是大事啊！能让中国立足于世界民族之林，有一帮人在拼命，不是我一个人，一帮人全是这种心态，一帮‘疯子’，我们在一块儿可热闹了，这是一个群体。”

——黄大年

“你看我们家，没什么东西，空空的。我的生活很简单，我的钱都用在什么地方？用在学生身上，资助他们出国，干科研的事情。那么大的科研项目，吉大一分钱也没有，我一分钱也没有，你见过吗？首席科学家一分钱也没要。别看项目上亿元，我就喜欢这个事情，就是一种享受。钱什么的没多想，国家给我的够用了。”

——黄大年

“从海漂到海归一晃 18 年，得益于国家的强大，在各国才子强强碰撞的群雄逐鹿中，几乎从未败过！有理由相信，回归到具备雄厚实力的母校，一定能实现壮校情、强国梦。”

——黄大年

“中国要由大国变为强国，需要有一批‘科研疯子’，这其中能有我，余愿足矣。”

——黄大年

“作为一个中国人，国外的事业再成功，也代表不了祖国的强大。只有在祖国把同样的事做成了，才是最大的满足。”

——黄大年

时代楷模黄大年的传奇人生

沈京文　覃秋明

在广西中部的郁江平原，有一座美丽的港口城市——贵港市。这里，北山延绵，南山毓秀，郁水滔滔，直通港澳。古为郡都，历史悠久，文化底蕴深厚，尊师重教之风盛行，有“敬师亭”楹联载曰：“碑镌重教千秋业，亭纪尊师万古风”“郁水甘泉桃李满园春色好，南山毓秀英才荟萃栋梁多”。贵港人杰地灵，英才潮涌：汉代布山，陆绩太守勤政垦边创佳绩，压舱“廉石”流芳千年；南汉状元，梁嵩快笔惊天地，独占鳌头；明代督师，袁崇焕戍边立战功，高风同仰；一代大儒，李彬名扬塞北；文史高才，梁岵庐誉满江南；史学泰斗，罗尔纲著作等身，传扬海外；科研奇才、杰出战略科学家黄大年威名全球，留下传奇的人生佳话。

（一）贵港启航

1958 年 8 月 28 日，一个男孩降生在广西地质学校的教师家庭。他是老大，又生在“超英赶美”的“大跃进”年代，父母给他取名“黄大年”。

1966 年，“文化大革命”爆发，黄大年正在南宁市建政路小学读一年级。受这场浩劫的波及，1969 年他随父母下放到桂西北的临桂县。1970 年再转到桂东南的广西第六地质队，该地质队在贵县（今贵港市）城区西郊七里桥。那时，第六地质队还未办学，干部职工子女要到西江农场场部学校就读，由第六地质队派老师任教。黄大年的父亲黄方明在场部中学任教，母亲张瑞芳在场部小学任教。因为“文化大革命”期间取消高考，学制缩短，中小学学制改为小学五年、初中两年、高中两年。黄大年在西江农场场部小学读完四至五年级就离开家，到罗城县小长安公社广西地质局“五七基地子弟学校”读初中。黄大年在这里学会了自我管理，独立生活。

毕竟离家太远，父母放心不下。1973 年秋季，黄大年回到贵县，进入贵县附城公社高中就读（当时乡镇叫公社，称附城公社高中）。附城公社高中的前身是贵县初中。1970 年 3 月，县革委会撤销贵县高中（重点高中），改办工农师范。同时，撤销贵县初中（重点初中），改为附城公社高中。时任学校副支书、副校长的宁垂训回忆说：“1973 年 9 月，黄大年进入附城高中就读时，我刚从大圩高中调入附城高中工作不久。当时，附城高中只有谭福卿和我两位领导，工作任务非常繁重。学校每年招高一新生 8 个班，两个年级共有 16 个教学班，有 1000 多名学生，还办有文体班，面向全社会招生。黄大年在 75 届 21 班，他任班干，又是学校篮球队队员，给我的印象很深，确是一位全面发展的优秀学生。”

儿时的玩伴和同学李忠贵回忆说，大年在西江农场读小学时，就干出两件令人惊喜的大事。一件大事是机智勇敢“拦火车”。二件大事是临危不惧救同学。

黄大年小小年纪，就干出两件非常感人的大事，说明他是一个有爱心的人、敢担当的人、干大事的人。

同学司志刚回忆道：“我和大年一起读小学、高中，是最要好的玩伴、同学和队友。大年给我的印象是聪明能干、勤奋好学，成绩总是名列全校前茅。大年生长在教师家庭，父亲对他要求十分严格，常在一些小事中锻炼他的记忆能力和应变能力。他父亲断言：‘中国的未来，绝不能没有文化知识。’他父亲经常讲述著名科学家钱学森、李四光、邓稼先等人的故事，他们勤奋读书，漂洋过海深造，冲破重重阻力学成归来，回报祖国，造福人民。这些动人故事，在大年幼小的心灵刻下了深深的烙印。父亲的教诲，激励大年刻苦读书、奋发向上。他从小学、初中到高中，品学兼优，年年获奖，‘三好学生’‘优秀团员’奖状贴满他家住在第六地质队大院的小平房。高中毕业时，适逢第六地质队招两名物探操作员，我和大年同时考入第六地质队，成为一名地质工作者。当物探操作员流动性很大，经常变换工作地点，住在山沟里，风餐露宿，蚊虫叮咬，生活很艰苦。但大年很乐观，工作很认真，他那一大木箱的书是他的至宝，去到哪儿搬到哪儿，无论白天工作多辛苦，晚上点燃煤油灯就读书学习。他说：‘搞地质工作虽然辛苦，但为国家找矿是我的梦想。不读书学习，不掌握科学技术怎么行？’”

1977 年冬，关闭 10 年的高考考场重新敞开大门。全国有

570 多万名青年学生参加高考，这是当时中国教育史上的最高纪录。几经周折，自治区地质局报请自治区教育厅批准，同意黄大年在容县杨梅公社高中考点报考。黄大年欣喜若狂，父亲为他抄写了复习提纲和内容要点，他充分利用仅有的两个月时间，边工作边复习。高考前一天，他走了一天的山路，从容县石寨公社六堡矿区赶到容县杨梅公社高中考点，跟着浩浩荡荡的赶考大军走进了考场。有志者，事竟成。黄大年以优异成绩，考入长春地质学院应用地球物理系。这是他实现地球探测“强国之梦”开始的地方。

1978 年春节刚过，黄大年在大舅和表姐的陪同下，乘坐绿皮火车，从贵县火车站出发启程，前往首都北京，再转往东北长春。历时四天三夜，才到达长春地质学院。在北京转车时，黄大年特意去到天安门广场，在雄伟的天安门城楼和五星红旗下照相留念，把祖国永远记在心中。

（二）长春筑梦

长春地质学院（现吉林大学地球探测科学与技术学院），是著名地质学家李四光创办的新中国第一所地质专科学校，也是黄大年等大批青年学子心目中的地探学术殿堂。

著名作家雨果说：“谁虚度了年华，青春就将褪色。”“文化大革命”结束后，人们的思想骤然开放，在那个知识重新闪光的黄金时代，“誓要把失去的光阴夺回来！”成为当时大学校园里最为流行的口号。

黄大年与同学们废寝忘食地沉浸在自习室和图书馆，翻烂了能找到的所有专业书籍；他们热血沸腾地夜游校园，庆祝中国女排拿下第一个世界冠军；他们争先恐后地传阅各类人物传记，立志“把有限的生命投入到无限的为人民服务中去”。在整个大学时光里，“以艰苦奋斗为荣、以献身地质事业为荣、以为祖国找矿为荣”的专业思想教育，深深刻进了黄大年的脑海。那首与同学们在山间田野实习中不断唱起的《勘探队员之歌》，常常令他心潮澎湃，热血沸腾。

“大年，你们这一代人很幸运，要珍惜时间，早日学成报国。”夜半时分，黄大年常会坐在寝室的窗台上捧读父母的来信。父母的教诲与关爱，既给他增添动力，又勾起他对往事的回忆。

他想起在贵县附城高中读书时的老师和同学。英语老师兼班主任朱永昌是上海人，数学老师余中启是广东人，政治老师黄玉田是北京大学毕业的广东人，英语老师林妙英还是印尼华侨，他们都是大学毕业就来到广西支援边疆建设，扎根在少数民族地区，兢兢业业地教书育人。老师们的敬业精神和为人师表的形象，深深印在黄大年的脑海里。

他又想起在容县罗屋矿区参加的“找矿大会战”。作为一名磁场测量的物探员，他要扛着磁秤仪跋山涉水，记录不同地点的磁力变化，推断和猜测铁矿的位置和规模。由于仪器对温度、湿度都很敏感，队员们必须十分小心，记准数据，再分析地层、计算参数。

一天跑120个观测点，必须走成一条直线，哪怕跋山涉水，也绝不允许绕道。在闷热潮湿的环境下，即使是体格健壮的年轻人，也有撑不住的时候。一次，他患重感冒发烧，在山上烧得起不了床，脚上的湿疹溃烂成一片。领导要他休息，他仍趴在小桌子上，坚持把测量数据表格制作好。他曾经创造一天测量160个点的最高纪录。他们三分队探测发现了一座中型铁矿，得到总队的表彰奖励，他也获得"工业学大庆先进生产者"称号。

"做一名优秀的地球物理学家，把地球探个通透明白！"这就是决心征服大地的青年学生黄大年所确立的人生梦想。

在长春地质学院的地质宫，黄大年真正走进了地球物理学的殿堂，他几乎天天泡在地质宫二楼的阅览室，厚厚的一本《弗拉基米诺夫数学物理方程习题集》，做了一遍又一遍。现任中国地质大学教授张贵宾回忆道："黄大年悟性很高，也十分刻苦，他遇到难题就钻进去，搞不清楚就打破砂锅问到底。当时学生人手一本《吉米多维奇数学分析习题集》，很多同学只能做一部分，他却整本啃下来，每题必做。黄大年给我的印象很深，课堂上聚精会神，舞台上歌声洪亮，运动场上是足球健将。他精力充沛，对同学热情友善，大家都喜欢这位阳光帅气、聪慧机敏、热情奔放的青年。但是，遇到他认为正确的事，总是据理力争，骨子里很硬。"

美好的大学时光倏忽而过，转眼到了毕业期。同窗四年大学毕业，各班做一本毕业留念相册，每个毕业生都留下青春的相片和赠言。那是一张两寸的黑白照片，黄大年一头浓密黑发，目光坚毅，俊朗的脸庞充满朝气。照片上方留下他刚健得体的一句话：“振兴中华，乃我辈之责！”这既是赠言，也是理想。此时，立志“报效祖国、振兴中华”的梦想，已经在黄大年心中筑牢。

1982年春，在大多数不习惯北方生活的南方同学毕业纷纷离去后，黄大年作为全校仅有的10个“三好学生”标兵之一，令人吃惊地留校任教。一年后，他顺利考取硕士研究生，硕士毕业，继续留校任教。他曾获得学校教学成果一等奖、地矿部科技成果二等奖。从助教到讲师，风华正茂的他一路表现优秀，1991年破格晋升为副教授。

在科学的春天里，疾步如飞的黄大年和百废待兴的中国，一起追赶着世界。

（三）英伦飞翔

1992年秋，是黄大年人生的又一个重要转折点。

“老同学，我要飞了！”

“飞去哪儿？”

“英国。”黄大年兴致勃勃地把学校保送他去英国深造的喜讯告诉好友林君。

通过教育部的层层筛选，黄大年获得“中英友好奖学金项目”的全额资助，是全国30个公派出国留学生中唯一一名地质学研究者。他被派往英国利兹大学地球科学系攻读博士学位。林君至今记得当时的情景。黄大年临走时，冲着老师同学们使劲挥手，坚定地说:“我一定好好学习，把国外的先进技术带回来！”

利兹大学是世界百强名校，是英国最负盛名的十所研究型综合大学之一。学校位于英国第二大金融城市利兹市中心，校史可追溯至创建于1831年的约克郡科学院，1904年获英国国王爱德华七世授予“利兹大学”校名。至今，已成为世界著名综合研究型大学，拥有6名诺贝尔奖得主、2名外国总统和众多世界知名科学家和商业精英校友。

中科院测量与地球物理研究所的“千人计划”专家毛伟健与黄大年结交已有25年，黄大年来到利兹大学攻读博士时，毛伟健正在利兹大学读博士后。“他背个双肩包，一见到我就兴冲冲地自我介绍。第一次见面，他就给我留下深刻印象。”毛伟健说，海外遇知音，他们谈得很投机。后来，他们经常在一起谈生活、谈学习、谈理想。黄大年深知出国学习机会来之不易，教育部选送他到这所大学深造，是党的关怀、人民的期盼、祖国的重托。在四年里，他对时间吝啬至极，每分每秒都在吸纳，都在追赶。

1996年冬天的一个早晨，利兹大学一间大教室里爆发出热烈的掌声。黄大年，这个中国年轻人，刷新了历史，以排名第一的优异成绩，获得地球物理学博士学位，成为利兹大学最优秀的毕业生之一。

奋斗，是这一代人的梦想；报国，是这一代人的情结。当祖国给了他们梦想的翅膀，他们就成为勇敢的候鸟，把归来当作生命的必然。

博士毕业后，黄大年回到母校。此时，国外同行在航空地球物理方面的研究日新月异，黄大年唯恐落下追赶的步伐。第二年，学校又派他前往英国，继续从事探测深水油气和水下隐伏目标的研究，成为该领域研究高科技敏感技术的少数华人之一。

1998 年 1 月，黄大年进入英国 ARK 航空地球物理公司任高级研究员、项目经理。这是一个知名度高、管理严格的科研基地。黄大年在这里受到同行的尊敬。

黄大年永远不会忘怀，2004 年 3 月，他正在北大西洋海底专心做着试验。突然，有人通知他，家属来电话了。

“大年！你还好吧？估计我们见不到最后一面了。”万里之遥，父亲的声音缓慢而虚弱。

“爸，您怎么了？”黄大年心急如焚，却不知从何问起。

老人突发重病，自感时日不多，家人几番辗转，终于联系上了黄大年。

“儿子，我理解你的处境……你要记住，你可以不为父母尽孝，但不能不为国家尽忠，别忘了，你是有祖国的人！”

舰长得知情况后，看着双手紧紧攥住话筒的黄大年，略带动容地说：“我们可以破例上浮，送你去见你父亲最后一面，但是你所从事的试验计划不得不中断。”

那时，“航空重力梯度仪”研究正处在关键阶段，如果不是黄大年的英国导师极力推荐，外方绝不会让一个中国科学家参与其中。如果中断试验，中国就没有机会接触这项技术。

“不能放弃，放弃，就意味着前功尽弃。”黄大年把嘴唇咬出了血，坚持做完了试验。半月有余，他重回陆地，直奔老家，在父亲的坟前长跪不起。

2004 年 4 月，黄大年进入英国 ARKeX 航空地球物理公司任高级研究员、研发部主任。2006 年的一天，在大洋彼岸的万米高空，他仍在进行这项技术研究。弥留之际的母亲打来电话：“大年啊，你在国外工作，一定要好好照顾自己，早点回来，给祖国和人民多做点事情……”

“哥啊！妈妈一直心疼你，你这辈子总是离家太远。她在临终前还嘱咐我和妹妹千万不要怪你。”在母亲的墓前，听着弟弟黄大文的诉说，兄弟俩抱头痛哭。

父母双亲，都在生命的最后时刻，为儿子上了终生铭记的最后一课。多年以后，回到长春的那个夜晚，黄大年含着泪水，在一份呈报学校的工作自述中这样写道：“我的父母属于那一代历经了诸多磨难的中国知识分子，无论是对国家还是儿女，以吃苦耐劳、兢兢业业、只讲奉献、不图回报的优秀品质著称于世；以为国家培养和献出自己的优秀儿女为荣。他们在人生最后时刻仍然表现出对祖国自始至终的忠诚、朴实和包容、傲骨和责任，令人由衷敬佩和永远怀念。父辈们的祖国情结，伴随着我的成长、成熟和成才，并左右我一生中几乎所有的选择。这就是祖国高于一切！”

18 年的艰辛，剑桥历练，英伦飞翔。黄大年凭着自己坚实的科技知识、果敢的创新精神、超凡的管理能力，成为剑桥大学高级研究员、英国某航空地球物理公司研发部主任，成为一个被国际同行称颂的著名的航空地球物理学家。

黄大年在英国功成名就，他待遇丰厚，有洋房别墅，妻子开有两间诊所，女儿也上了大学，一家人其乐融融。但是，他心中却仍有一种难以填补的失落。那其中，有“总把他乡作故乡”的惆怅，也有“万里长城家，一生唯报国”的豪情。

2008 年除夕夜，黄大年邀请外国朋友到家中聚会，大家被中国的饺子和春节晚会吸引了。他十分兴奋，一晚上都在给大家普及中国文化。后来，他一下子停住讲话，看着荧屏，出神听着，眼中涌出了泪花，此时电视里正唱起《难忘今宵》:“共祝愿祖国好，祖国好。”

妻子张艳知道，大年放不下祖国。这里纵使千好万好，也无法取代那片生他养他的土地，也无法取代那个实现他梦想的母校。他只愿做祖国大地上一株傲然挺立的松柏，而不再是剑河柔波里一条随风摇曳的绿草。

（四）至诚报国

2009 年 4 月，51 岁的黄大年得知祖国实施“千人计划”引进海外专家时，他感到无比振奋。不久，时任吉林大学地球探测科学与技术学院院长的刘财，只是试探性地给他发了电子邮件，没想到，黄大年很快就回复说:“多数人选择叶落时归根，但作为高端科技人员，应该在果实累累的时候回来更好，而我现在正是最有价值的时候，应该带着经验、技术、想法和追求回去，实现报国梦想。”

2009年5月，正是剑桥最美的时节。国土资源部科技与国际合作司副司长高平亲临英国拜会黄大年。按动门铃前，高平在黄大年家的花园洋房门口转悠了一会儿，真是没想到他家的花园竟然有这么美。娇嫩的青藤从一楼爬上二楼，从墙里蜿蜒到墙外。花园里的樱桃树上，圆溜溜的小樱桃挂满枝头，像是晶莹闪烁的玛瑙。

“高平，快进来！咖啡煮好了！”屋子里传来又急又重的脚步声，还有黄大年清明透亮的嗓音。高平走进屋内，发现黄大年家的条件比想象中的更好。房间通透明亮，高大的壁炉气派庄重，一尘不染的钢琴上，摆放着一家人温馨的合影，房间里飘着咖啡的醇香，阳光给客厅铺上一层柔曼的轻纱。

寒暄了一会儿，高平直入正题，可是一开口，语气却有些游移：“大年，我一直特别希望你回来，但是我现在看了你的家，还是想劝你，再好好想一想，毕竟黄潇还在上大学……”

“高平，我已经考虑得很清楚了，早就该回去为国家做点事情了。你知道的，物质条件对我一点儿意义都没有。”黄大年诚恳地望着她说，又站起身来，用手指了指窗外，“你看，我在这儿，充其量就是个花匠，过得再舒服，也不是主人……我真的不用再想了，已经想好了。”

高平见他态度坚决，又转向坐在一边沉默不语的张艳说：“你呢？妹妹，你舍得回去吗？”

张艳看了看黄大年，又看了看高平，脸上始终挂着淡淡的微笑，“大年去哪儿我去哪儿。我知道他，他想做事。”

她的眼里，有藏不住的深深依恋。她知道，为了这一刻，黄大年已经等得太久了。可是，她也难以割舍这苦尽甘来的剑河生活啊！

这里，有他们亲手布置起来的房子，有还在读书的女儿，有她成功经营的两家中医诊所，有简单平静的田园生活，还有相濡以沫的所有记忆：他艰苦求学，她守家烧饭；他熬夜研究，她捧上夜宵；他养花，她种菜，岁月静好……她知道，一路走来，他有多少骄傲的笑容，就有多少辛酸的泪水。

很快，黄大年打算回国的消息传开了。英国公司的负责人立刻约他到办公室谈话：

“黄，你对现状有什么不满意的吗？”

“没有，我只是想回我的祖国去工作和生活。”

“你已经是研发部的主任了，你们中国人做到这样很不容易，你非常优秀，放弃这个职位会很可惜。”

“谢谢！我回到中国还会继续这些研究。”

“你如果从这里离开，必须承诺不使用这里的研究成果，否则公司有权追究你的责任。这点你清楚吗？”

“我非常清楚，我会递交辞职报告、签署保密协议，终生恪守我的承诺。”

“可是，黄，请给我一个令人信服的理由，为什么非要离开？公司很需要你，你还可以有很多机会。”

“只有一个理由，就是我的祖国更需要我。再次感谢！”

同事们都堵在走廊：“伙计，别走！”“我们都是冲着你来的，你在这里，我们会有更多成果。”

“谢谢大家多年来的信任、支持！希望我回到中国后，我们还会有新的交流与合作！我会一直关注你们的进展。”

在这些金发碧眼的外国人中，黄大年一米七三的个头不算高。此刻，他站在中心，却像是将军点兵。他用目光扫视一圈，对所有人作了告别的致意。

一个从剑桥毕业的青年科学家激动地落泪了，他听过这个中国人讲起他的祖国，便过来搂住了他。

一个获得过诺贝尔奖提名的科学家走了过来，拍了拍黄大年的肩膀，又和他紧紧握了握手，默默转身离开。大家纷纷围了过来，用同样的方式，与黄大年郑重告别。

国际航空物理学家乔纳森·沃特森后来回忆说：“当黄教授离开英国返回中国的时候，我们特别悲伤，对他的为人以及事业上的成就都非常尊重，许多人想让黄教授留下。”

祖国，就是黄大年的人生归依。心有大我，就会明白为什么再好的物质生活也不能动摇他的心志，再多的名利诱惑也不能拖延他的脚步。

短短几个月，黄大年放弃了公司股份，处理了部分家当，和妻子商定把女儿独自留在英国完成学业，便毅然踏上回国的归途。

2009年12月24日平安夜，长春下着大雪，一架民航客机缓缓降落在长春龙嘉国际机场。18年的英伦生活，黄大年“挥一挥衣袖，不带走一片云彩”。

（五）教书育人

“母校，我又回来了！”

黄大年回国第六天，就回到母校吉林大学。站在古朴秀丽的地质宫门前，他心情非常激动，这里的石狮华表、一草一木都是那般熟悉亲切。他一口气爬上117级台阶，快步走到地质宫的顶层五楼，放声大喊……

当时，国内多所顶尖大学都向黄大年抛出橄榄枝，开出的条件更优厚。吉林大学领导担心东北这块黑土地能不能留得住他。

“我是国家培养出来的，是从东北这块黑土地走出去的，吉林大学是我梦想开始的地方，我就一定会回到这里！”黄大年挺直身板，眼中充满坚定自信地回答。他拿起笔便与母校吉林大学签下五年全职教授合同，成为第一个回到东北地区发展的国家“千人计划”专家。

“我最看重的身份是教师，教书育人是教师的天职。”黄大年既是一位战略科学家，也是目光高远的教育家，他培养学生不仅是“授人以渔”，更是为了学科发展的未来、人才建设的未来、国家战略的未来。

“中国正努力从科技大国向科技强国迈进，而这段并不平坦的进程需要几代人去完成。如何培养更优秀的人才，让文化与智慧长久地传承下去，值得每个人思考。”这是2009年秋季开学黄大年为新生作的一场生动的报告中说到的。黄大年的这段话，体现的正是他致力于培养国家高精尖人才的紧迫感和使命感。学生们为能听到这样一场大科学家的报告而深感荣幸。

2010年，吉林大学启动“名师班主任计划”，黄大年担任第一届“李四光实验班”的班主任，还自费为班里24名学生每人买了一台电脑。他说，信息时代就要用现代化的信息搜索手段，追求先进的理念，必须从细节开始。

地质宫顶楼冬冷夏热，黄大年给每个实验室配备了电暖气、电风扇；到了暑天，就让妻子张艳给学生们煮绿豆汤，用大锅盛着送过来；入冬时节，又让张艳包饺子给学生们吃；怕孩子们想家，他几乎每个节日都让学生去他家吃饭，还亲自下厨做油焖大虾；出国时，他会带着两个空箱子，专门给学生买礼物；学生毕业回来看他，他也要请吃饭，鼓励学生继续学业长进。

“知我者谓我心忧，不知我者谓我何求。”首席科学家当起了本科班班主任，很多人不理解，而对黄大年来说，这是理所当然的。在国外，越是名师越要给本科生上课，如果学生在本科阶段接触到一流的教授，会受益终身。在这件事上，黄大年有亲身经历，他读本科时，地球物理学家滕吉文院士来校作了一次讲座，让他一下子打开眼界，从那时起，他就下决心“要走出去看一看”。

“一定要出去，出去了一定要回来；一定要出息，出息了一定要报国。”这是黄大年常对学生说的一句话，是一种深远的师生传承。他激励学生要树立远大理想和家国情怀，不能只做国内的佼佼者，应视发达国家一流大学的学生为对手。在黄大年看来，每一个学生都是一块璞玉，只要因材施教定能成才。

“你们要做好心理准备，跟我搞研究将会很苦，但一定很值得。”每带一届学生之前，黄大年都会和学生说同样的话。

黄大年的办公桌旁有两张椅子、两台电脑，倒不是因为“阔绰”，而是专门为学生准备的。学生来了，就坐在老师身旁，一人一台电脑，讨论问题清晰高效。

办公室对面，是一间小有名气的“茶思屋”，这是黄大年专为学生开辟的“造梦空间”。这里原本是杂物间，简单装修一下，几组沙发，两套茶具，一个吧台，就是一处休闲的所在。学习累了，心情差了，大脑一时“短路”了，都可以到这里来喝喝下午茶。

7年间，在黄大年指导的研究生中，有14人获得省部级奖励，8人获得国家奖学金，3人获得“李四光奖”。在给学生设计研究方向时，他总是考虑每个人的兴趣爱好和发展前途，并与国家需求紧密结合起来。

在学生心里，黄大年既是一位严师，又是一位慈父。怕学生节假日想家，就邀请学生到家做客；学生感冒了，他抽屉里永远预备着感冒冲剂；听说一个学生的父母腰痛，就托人从国外带回药物；要出远门，他带着学生作业在路上批改；住进了重症监护室，仍不忘叮嘱学生修改作业中的错漏……黄大年最大的愿望，就是带出一批像样的年轻人，在地球物理研究的舞台上，站得住脚，有话语权，让中国的脊梁挺起来！

（六）敢为人先

在科研领域，黄大年是国际航空地球物理研究领域的著名科学家。他回国前在英国剑桥 ARKeX 航空地球物理公司担任高级研究员 12 年，长期从事海洋和航空快速移动平台高精度地球微重力和磁力场探测技术工作，根据这项技术能够确定海洋底下是否有石油等矿藏，水下是否有潜艇等异物入侵。

对中国而言，向地球深部进军已成为一个必须解决的战略科技问题。我们不仅探测水平落后欧美国家近 30 年，矿产资源勘探深度平均只有 400 多米，油气开采平均深度不足 4500 米，且有部分地形复杂的国土迄今还没有被勘查过，300 万平方公里的“海洋国土”也亟待探测和守护。

2010 年春，时任中国地质科学院副院长的董树文，作为首席科学家，正在全力推进中国有史以来规模最大的地球深部探测专项。该项目设置八大项目 49 个课题，集中了国内 118 家机构、1600 多位科学家和技术专家参与其中，吹响了中国向深地进军的“集结号”。

考虑到中国在深探装备领域长期依赖进口的情况，有关部门提出在深探专项八个项目已全面启动的情况下，追加第九个项目——“深部探测关键仪器装备研制与实验”。该项目斥资 3 亿元人民币、牵涉技术领域众多，谁来“挑头”直接影响整个大项目的进度和成果。

当天，董树文要接见一位特殊的客人，他就是刚回国不久的“千人计划”特聘专家黄大年。经科技部、财政部推荐，董树文召集几家单位共同商定，时任中科院地质与地球物理研究所所长的朱日祥院士同意请黄大年主持该项目。这个项目实为为黄大年量身定制的一个施展才华的平台。

黄大年既高兴又深感责任重大，这是祖国对他莫大的信任。这两个项目如果能在他的努力下比翼齐飞，祖国的深探事业不可限量。

“只要祖国需要我就干！没什么可说的。”黄大年态度坚定地回答，愉快地担当重任。他作为“深部探测关键仪器装备研制与实验”的首席科学家，恨不得立刻就全速推进，把失去的 30 年时间追回来。黄大年以吉林大学为中心，组织带领全国优秀科研人员 400 多人，开启了深地探测关键装备攻关研究。他的思维独特，方法超前，集纳各方研究成果，用于特殊领域。

孰料，在深探专项第九项目的首次讨论会上，黄大年首次亮相就引起一片哗然。他说：“既然我们落后很多年了，就不能从零开始，而是要把国外最先进的设备买过来，对关键部位和插件进行升级改造，让我们的‘蓝军’直接进入‘红军’的心脏，一举站到巨人的肩膀上。”黄大年的“红蓝军路线”，就是通过红军、蓝军之间的结合与比拼，利用西方已有的技术，站在巨人的肩膀上超越巨人。

所有在座的人，都是第一次听到这种“红蓝军路线”。中国地学界长期以“自力更生、艰苦创业”为荣，黄大年这种“把人家后台数据库买过来，进行插件升级再卖出去”的想法，可谓“惊世骇俗”。丝毫不介意众人异样的眼光，黄大年继续说：“好比一场马拉松，别人已跑了半程，中国要从头起跑，恐怕很难能赶上，我们也等不及，必须另辟蹊径。首席支持我，我就这么干。”

搞油气的人知道，平台是一套软件系统，所有的地质、地球物理和钻探数据在这里集成。黄大年提出的预算，按照当时的市场价格可以买两套。

“你买两套干什么？”

“不是，我只买一套，咱们连后台和元数据都买回来，买回来后做插件，马上升级，升级后我再卖给他。”

董树文最终批准了。很多人听说后摇摇头，并不看好这些“忽忽悠悠的玄乎事儿”。

可是黄大年不以为意，他就像一台刚刚装载的新马达，恨不得一下子就把机器的转速带到最高。

他找人翻译出版了一本《疯狂科学家俱乐部》，送给参与项目的各个机构和单位，书中介绍了美国进行组织创新、开展大科学研究项目的先进经验。他逢人便说：“真正的研究不是分散的自发的，而是系统的集成的，应该借鉴国外大企业的组织管理模式，组织重大科研项目，征集最优秀的科学家，一起完成重大攻关。”

他又引入一套项目管理系统，把第九分项的任务分配到每月、每周甚至每天，用计算机记录工时。哪些属于智力问题、哪些属于资源问题、哪些属于人为阻碍，他会实时监督、直接干预、询问指导。

有的人直接抗议：你把科学家当什么了？我们是科学家，不是机器人！

黄大年却坚持：没有金刚钻，别揽瓷器活。一周的目标就是一周的目标，每天几点到几点必须把目标完成！

2010 年 7 月，有关部门邀请 70 多位“千人计划”专家赴北戴河疗养。和这群“千人计划”专家在一起，黄大年感到轻松自在，思路开阔不少。令他们意想不到的是，习近平等国家领导人前来探望，倾听大家的想法建议并合影留念。

国家领导人目光远大，思路清晰。经过一番推心置腹的交谈，黄大年的心境变得从未有过的旷达，就像暴风雨过后的大海，浩瀚而平静，又像鼓满风帆的航船，期待着新的远航。回到学校，黄大年找来钉子铁锤，亲手把北戴河休假时与习近平等党和国家领导人的合影挂在办公桌对面的墙上，还对团队成员说：“士为知己者死。国家这么重视，我们得努力干啊！”

2014 年下半年，深探专项第九项目传来捷报。移动平台综合数据处理一体化软件的 24 个插件全部完成，整个系统实现了升级换代。

黄大年大张旗鼓地在全国搞了一次培训，当初卖给他平台的外国公司发现：“你们用的怎么比我们的好？我们也要买这套系统。”黄大年嘿嘿一乐：“项目完成后成交！”

这就是黄大年部署的“红蓝军路线图”，谁也没想到，黄大年一击即中，实现预期目标，如同拨云见日，整个中国深探领域的思路一下子打开了！

董树文受到启发，提出建议，能不能用黄大年的观点，做万米钻机？他说：“外国石油勘探已经使用万米钻机，我们可以在他们的平台上，研制核心部件升级改造，一步到位。”

后来，“地壳一号”这个完全拥有自主知识产权的庞然大物从四川运到大庆油田时，用了 50 辆六轴大货车运送，一举创下了地下 6000 米钻探的亚洲纪录，并且还在向地心进发。

被国外一直垄断的设备终于换上了“中国芯”。中国成为继俄罗斯、德国后世界上第三个掌握地下万米钻探技术的国家。黄大年团队成功了！过去不服气的人开始另眼相看，一些人还友好地送他个绰号——“黄大牛”。

（七）鞠躬尽瘁

黄大年海漂归来就理直气壮地说：“对我而言，我从未和祖国分开过，只要祖国需要，我必全力以赴。”在祖国的科学事业面前，黄大年的激情就好像大地深处的熔岩，喷薄而出，奔流向前。

虽然黄大年的名片上只印有“吉林大学教授”一个头衔，可实际上，他承担了国土资源部、科技部、教育部等有关部门的项目决策、专业咨询、课题评审等很多义务工作。于平发现，来找黄老师的单位越来越多，想要寻求他支持的课题越来越多，黄老师承担的任务越来越繁重。

黄大年还应邀担任国家“千人计划”联谊会科技创新工作组副组长，牵头发起成立鲲海创新研究院，并担任首届副院长，组织“千人计划”专家与国家战略发展需求进行有效对接，使其成为推动前沿技术与军民融合发展的公益平台。

在黄大年的感召发动下，越来越多的“千人计划”专家和海归科学家开始意识到：一个优秀的科学家，不仅要具备深远的战略眼光，他规划与完成的事情，应该服从于国家需要，应该站在国际前沿，应该集成符合国家利益的成果，更应该具有冲向世界巅峰的创新力量。

黄大年涉猎很广，他在英国时的研究涵盖地学、信息、军民融合等多个领域，他深知真正的核心技术是买不来的。中国虽然拿到了新一轮世界科技竞赛的入场券，但必须牢牢抓住创新这个“弯道超车”的机遇，才能追赶历史的潮流。

2013 年 10 月，欧美同学会举行成立 100 周年庆祝大会，黄大年作为海归科学家代表应邀出席，现场聆听了习近平总书记的讲话，内心备受鼓舞。他回到长春后不久，就主动打电话给当时的吉林大学统战部副部长任波：“国家对海归这么重视，我们更应该倾尽所有报效祖国，担任会长的事儿，我就不推辞了。”

任波又惊讶又感动，愣在电话那头说不出话来。彼时，学校留学归国人员联谊会正在酝酿改选，大家心服口服的会长第一人选，就是黄大年。可他实在太忙，任波提过一次之后，就再也不好意思找他。现在，他把联谊会会长的重担挑起来，任波很是感动。

就这样，黄大年凭借“千人计划”联谊会、吉林大学留学归国人员联谊会等平台，不断寻找、联络海外高端人才，想尽各种办法吸引他们留在国内，扎根吉林大学。他把目光投向“海归”群体，吉林大学 300 多名海归知识分子，联欢郊游、调研开会，只要不出差他保证场场必到，陪大家唱歌，为大家照相。

2016 年 9 月，一份报告交到了校务委员会的案头：在黄大年的倡议下，经过为期一年的酝酿讨论，吉林大学新兴交叉学科学部筹备初期工作宣告完成，一个辐射地学部、医学部、物理学院、汽车学院、机械学院、计算机学院、国际政治系等的“科研特区”初步形成。黄大年也成为吉林大学新兴交叉学科学部部长。

学校领导多次动员黄大年，希望他申报中国科学院和中国工程院“两院”院士，但他始终没有放在心上，把全部时间和精力都投入到教书育人和科研攻关上。

如今，曾经对“大年童话”的质疑已湮没无闻，一个个“大年童话”正在变为现实，在卫星通信、汽车设计、大数据交流、机器人研发等诸多领域，一个个“奇迹”正在涌现，几乎覆盖吉林大学近三分之一的专业。其间，又衍生出许多新课题、新方向、新学科，由“大年童话”孕育的“科研特区”有望带动上千亿元的产业项目。

七年如一日。黄大年办公室里的九组书柜塞得满满当当，除了专业书籍、项目报告，还有一沓又一沓的学术笔记、发言汇编。

最右侧的柜门里，挂满了参加各种会议活动的挂牌，下面还极不相称地塞了一床棉被。无数个赶进度、做课题、修改材料的深夜里，他就是裹着这床棉被在沙发上凑合几个钟头，第二天站起来又是精神抖擞。

深探专项技术专家组经常开会，往往是今天通知，明天开会。然而，身在长春的黄大年，是出勤率最高的核心专家组成员。高平问他："你累不累？前天刚走，今天又来。"他却说："这么重要的会，我一定要来。"高平很感动，她从来看不到黄大年疲惫的样子。看着他聚精会神的样子，有谁知道他牺牲了多少的休息时间？他总是行程满满，天南海北地奔波。

2015 年 1 月，黄大年圆满完成"千人计划"5 年任期后，又与吉林大学续签第二份合同。时任吉林大学地球探测科学与技术学院院长的刘财，永远忘不了黄大年在签约仪式上的一番话："我是带着梦想回来的，梦想和实现应该在同一地方找到完美的闭合。学校为我的成长和回归投入这么多，团队成员也付出这么多，我怎能舍得离开这片精神传承的归宿之地？这是我的母校，也就是我的归宿。"

从 2015 年开始，黄大年有一半时间在出差。经常接送他的出租车司机刘国秋师傅最清楚："黄老师出差，总是订最晚一班机票。出差回来，经常也是最晚一班飞机。见面第一句总说：'刘师傅辛苦了，实在不好意思，又这么晚回来。'然后就坐到后排，车子刚开动，他就打起鼾来了，倚着车门，睡得很沉。我就从家里拾掇出一套毯子和枕头，黄老师上车了，好歹睡得舒服些。"

作为他的助手，于平根本无法准确说出黄老师同时在参与多少个项目的科研工作。师生们开玩笑，除了长春机场的夜班地勤，见他次数最多的便是地质宫打更的大爷。地质宫晚上 10 点要清楼锁门，不出差的时候，黄大年常常凌晨两三点离开。赶上飞机晚点，第二天又要开会，他就赶回办公室，拿出书柜里的棉被凑合一宿。

同一个团队的“千人计划”专家王献昌，就没看见他正经吃过饭，不禁担忧地劝道：“大年，你这是拿命在做科研啊。你这样下去，就是铁打的身体也会扛不住啊！”可他却走到办公室窗边，举了举放在那里的哑铃，笑着说：“献昌同志啊，我们虽然努力了，但还很不够。我们要活一天拼一天！”

2016 年 6 月 27 日，黄大年晕倒了。临近正午，507 办公室内突然传出“嘭”的一声，惊动了坐在外屋的王郁涵。她推开门，看到黄老师躺在地上，赶紧拽过他的书包，找出他准备的速效救心丸，给他塞到嘴里。

过了一会儿，黄大年醒来，对王郁涵说的第一句话是：“不许跟别人说。”王郁涵顶着黑眼圈，飞快地看一眼黄大年办公桌上小山一样高的一摞材料，默默地答应了。

深探技术研发答辩进入最后倒计时，他们已经熬了将近 3 个通宵。黄大年更是逐页检查、反复推敲。“这个项目，可是凝结了我们团队 6 年的心血，一点儿不许松懈。”黄大年像是在跟王郁涵说，又像是在喃喃自语。他走到办公室门口，关上门，在沙发上躺了 20 分钟，就赶往北京参加答辩会。到了宾馆，已是晚上11时，他把师生们汇总的全部答辩材料拷贝出来，又度过了一个不眠之夜。

第二天下午2时30分，黄大年揉了揉布满血丝的双眼，又含了几粒速效救心丸，以惯有的自信完成了历时两个半小时的答辩发言。

专家组验收结束后给出结论：项目成果整体达到国际领先水平。这是国内同类项目评审中的最高评价。此时，中国重型探测装备技术研发实现了弯道超车，完成了跨代飞跃！

那一天，很少沾酒的黄大年一口气喝掉半瓶，他在微信朋友圈写下这样的感言："我和我的团队成员，5年多来没轻松过，最近一段时间没睡好过，有累倒的，有因委屈而忧郁的，有半道放弃的……我在最后一刻也没撑住，终于倒下，是吃着救心丸上验收场的，别人替代不了。但是，正是这些项目能为吉大培养出一帮'疯子'和'狂人'，一批能打硬仗的精兵。"

身体已经发出强烈预警，可黄大年却依然像一台永动机，一刻不停地转动。他的内心时常涌出巨大的不安全感。他担心在科学的竞跑中，取得的任何成绩都将马上成为过去，他生怕稍微慢一步就被落下了。

这种"不安全感"、这种"本领恐慌"，让这个"拼命黄郎"更加疯狂，像只陀螺转到了极限！正是这个"拼命黄郎"，每年几十次往返于10多个科研机构，协同几百位科学家并肩奋战，用5年时间完成了西方发达国家20年走过的艰难路程。

"如果没有一种强烈的爱国热情，谁能这样坚持下来？"看着黄大年因为科研成果欣喜若狂的样子，作为首席科学家的董树文也感慨万千，时常想起他刚刚回国时的情形：这个从一开始很不习惯——不习惯我们开会、不习惯我们讨论、不习惯按部就班的人，做出了怎样的努力和改变，才能引领协调这么多科学家完成这么多、这么大的项目？

2016 年 11 月 29 日，日程表上标记着“第七届教育部科技委地学与资源学部年度工作会”。这天凌晨，在北京前往成都的飞机上，黄大年又晕倒了。凌晨 2 点，急救车一路开进成都第七人民医院急诊大楼。医生想为他做初步检查，却怎么都拿不开他抱在怀里的电脑。过了一会儿，他终于醒来，睁眼看到医生微微一愣，又赶紧摸了摸怀中的电脑，喘了一口气，又对旁边的同志说：“我可能不行了……我要是不行了，请把我的电脑交给国家，里面的研究资料很重要。”这台电脑，在黄大年眼中，比生命还重要。他从国外两手空空地回到国内，这台电脑里装的，都是他 7 年来呕心沥血搞科研的精华。

这一晚，黄大年都抱着那台电脑，睡得很不安稳。早晨一睁开眼，他就撑着爬起来。护士赶过来劝他做进一步检查，他却塞了一把速效救心丸，背着书包奔出病房，“还有个会，挺重要的，我得去”。

当他匆匆跨入成都市翔宇宾馆的会议室时，有人下意识地看了看表，黄大年怎么会迟到？也有人注意到，这个总是一丝不苟的人今天有点儿不一样……直到登台演讲，他才恢复了往日的神采，一边熟练地演示着他无懈可击的 PPT，一边滔滔不绝地导出他最新思考的问题。

回到长春，黄大年被强制做了体检。他叮嘱于平不要告诉其他人，以免影响工作。还没出结果，他又跑去北京出差。

检查结果出来了：疑似胆管肿瘤。于平一下子懵了，黄老师身体这么好，怎么会得这种病？她想到他没白天没黑夜地工作，从不按时作息；她想到他草草了事的饭食，一杯接着一杯的黑咖啡；她想到他有几次腹部痉挛的奇怪发作，却敞开窗吹着冷风提神；她想到他越来越不爱下楼，越来越疯狂地工作……

她怨黄老师啊，每次劝他要注意身体，他总是走到窗边，炫耀式地举举杠铃说："我们地质人，翻山越岭，走南闯北，身体好啊！"

她恨她自己，每次黄老师错过了体检，她都没有坚持己见，硬拉着他去医院……

黄老师入院的第二天，点名让王泰涵过去。一进病房，打了一天点滴的他就从床上坐起来，招呼王泰涵挨着床边坐下。

"我这两天一直思考你提出的后两个问题，现在就在这儿给你讲讲。"边写边讲的黄老师手腕里还埋着针管，胳膊也有些颤抖，不停地喘着粗气。王泰涵眼眶发热，赶紧低下头做笔记。黄老师陆陆续续讲了40分钟，他一字不落地都记在了本上。过了一会儿，黄老师不说话了，王泰涵再抬头，才发现老师睡着了。

2016年12月14日，一向健壮的黄大年被推上了手术台。手术前一晚，当探望的人离开后，他独自在病房打开微信相册，从头翻到尾，过往的岁月像电影一样在脑海里回放，他知道自己即将踏入“战场”，于是在朋友圈写道：“人生的战场无所不在，很难说哪个最重要，无论什么样的战斗都有一个共性——大战前夕最寂静，静得像平安夜……”没想到，这成了黄大年发在朋友圈的最后一条微信。

他去世前一天，“千人计划”专家联谊会换届。施一公在介绍完候选人黄大年的基本情况后，忍不住说了一句：“大年病危，正在与病魔殊死搏斗。”全场肃然，唏嘘一片，大家不约而同，高票推选黄大年作为副会长，每一票都是祈祷，每一票都是挽留！

此时，在万里之遥的英国，黄大年的女儿黄潇正在分娩的阵痛中挣扎。一声呱呱啼哭，黄大年的外孙春伦平安降生，“春伦”，是黄大年住院期间为外孙想出的中文名字：长春的春，伦敦的伦，这是他最难忘、最喜欢的两个城市。他曾说：“地质宫刻有我的梦想，剑河却永远留下我的眷恋。”这里，有他的青春、他的母校；那里，有他的奋斗、他的骄傲！

当家人把手机上外孙的视频照片放到他眼前时，黄大年含着微微笑容，慢慢闭上眼睛，意识渐渐远去……

2017 年 1 月 8 日 13 时 38 分，世界著名地球物理学家、当代杰出战略科学家黄大年的心脏停止跳动，年仅 58 岁。英雄的魂魄化作一只百灵鸟，高歌着《我爱你，中国》，飞向蓝天！

（八）精神永存

马克思曾说，我们的幸福将属于千百万人，我们的事业将默默地，但是永恒发挥作用地存在下去，而面对我们的骨灰，高尚的人们将洒下热泪。

2017 年 1 月 13 日上午 9 时，长春市殡仪馆西辰厅内庄严肃穆，正厅上方悬挂着黑底白字横幅：沉痛悼念黄大年教授。

两旁挽联是：

翰墨传家为偿强国兴邦之愿赤胆丹心身许科研伟业

鞠躬尽瘁为成筑梦拓新之事克俭躬亲挥洒一生豪情

黄大年教授的遗体在鲜花翠柏丛中，他的遗体覆盖着中国共产党党旗。来自社会各界的 800 多人在这里送别黄大年教授，偌大的告别厅装不下太多的怀念，省领导来了，国家有关部委领导来了，国内外专家学者来了，同事们来了，学生们来了……人们默默垂泪，几十名学生跪倒一片，痛哭失声……

人们重新念起他的入党志愿书，泪水模糊了视线："人的生命相对历史的长河不过是短暂的一现，随波逐流只能是枉自一生，若能做一朵小小的浪花奔腾，呼啸加入献身者的滚滚洪流中推动历史向前发展，我觉得这才是一生中最值得骄傲和自豪的事情。"

2017 年 2 月 24 日，中共吉林省委、省政府追授黄大年同志"吉林省特等劳动模范"荣誉称号。

2017 年 4 月 5 日，教育部追授黄大年同志"全国优秀教师"荣誉称号。

2017 年 5 月，中共中央总书记习近平对黄大年同志先进事迹作出重要指示指出：黄大年同志秉持科技报国理想，把为祖国富强、民族振兴、人民幸福贡献力量作为毕生追求，为我国教育科研事业作出了突出贡献，他的先进事迹感人肺腑。我们要以黄大年同志为榜样，学习他心有大我、至诚报国的爱国情怀，学习他教书育人、敢为人先的敬业精神，学习他淡泊名利、甘于奉献的高尚情操，把爱国之情、报国之志融入祖国改革发展的伟大事业之中、融入人民创造历史的伟大奋斗之中，从自己做起，从本职岗位做起，为实现“两个一百年”奋斗目标、实现中华民族伟大复兴的中国梦贡献智慧和力量。

2017 年 5 月 25 日，中国科协、科技部追授黄大年同志“杰出科学家”荣誉称号。

2017 年 5 月 26 日，中宣部向全社会公开发布“践行社会主义核心价值观的优秀知识分子”黄大年的先进事迹，追授黄大年同志“时代楷模”荣誉称号。

2017 年 5 月 27 日，国务院侨务办公室追授黄大年同志“至诚报国归侨楷模”荣誉称号。

2017 年 6 月 7 日，中共吉林省委追授黄大年同志“全省优秀共产党员”称号。

2017 年 6 月 8 日，中国侨联追授黄大年同志“侨界楷模”荣誉称号。

2017 年 6 月，新华社连续发表评论员文章，七论黄大年精神。

2017 年 7 月 20 日，中华全国总工会追授黄大年同志“全国五一劳动奖章”。

2017 年 7 月 23 日，中共中央追授黄大年同志“全国优秀共产党员”称号，党中央号召广大党员、干部向黄大年同志学习。

2017 年 9 月 1 日，黄大年荣获 2017 年度“全国教书育人楷模特别奖”。

2017 年 9 月 10 日教师节，黄大年被评为“2017 年度全国最美教师”。

2017 年 10 月中旬，6 集电视剧《黄大年》在党的十九大召开前夕播出。

2017 年 11 月 17 日，中央精神文明建设指导委员会追授黄大年同志“第六届全国道德模范”荣誉称号。

2018 年 3 月 1 日，黄大年当选“2017 年度感动中国人物”。

心怀爱国之情　笃行报国之志

“黄大年同志秉持科技报国理想，把为祖国富强、民族振兴、人民幸福贡献力量作为毕生追求，为我国教育科研事业作出了突出贡献。”习近平总书记对黄大年同志的先进事迹作出重要指示，高度评价他的突出贡献和崇高精神，发出了向黄大年同志学习的号召。这充分体现了党中央对广大知识分子和科技工作者的重视与关爱、重托与期待，在全社会引发强烈共鸣，必将凝聚起我爱中华、共筑梦想的磅礴力量。

心有大我　至诚报国

科学没有国界，但科学家有祖国。无论身在何处，黄大年同志始终心系祖国。“国家在召唤我们，我们应该回去！”在他心里，国家至上、民族至上、人民至上是不变的信条，祖国需要就是最高需要，服务国家就是最好归宿。

爱岗敬业　开拓进取

敬事而信，敬业乐群。一个把事业看得比生命还重的人，定会收获更有价值的人生，必将作出非比寻常的贡献。

“以黄大年同志为榜样，学习他教书育人、敢为人先的敬业精神。”习近平总书记对黄大年同志先进事迹的重要指示，为我们在新形势下弘扬敬业精神、共筑伟大梦想注入了强大思想和行动力量。

淡泊名利　甘于奉献

人生在世，面对林林总总的纷扰、形形色色的诱惑，看重什么、看轻什么，坚守什么、舍弃什么，就像一把无形的尺子，量出品格的厚度，标出境界的高度。

在对黄大年同志先进事迹的重要指示中，习近平总书记号召以黄大年同志为榜样，“学习他淡泊名利、甘于奉献的高尚情操”。

这既是对黄大年崇高精神的高度评价，也是对广大知识分子的勉励和要求，激励着我们见贤思齐、崇德向善，为推动国家发展、社会进步贡献智慧和力量。

让报国初心铺染生命底色

人的一生充满选择。去留之间，取舍之中，考验着智慧，更照鉴情怀。

“为什么回国？”经常有人向黄大年问起这个问题。对于一个在国外生活优裕、事业骄人的“海漂”来说，要抛舍这来之不易的一切并不容易。是一种什么样的召唤，让黄大年义无反顾回国效力？是一种什么样的牵挂，让他念念不忘父母之邦？

“祖国高于一切！”这就是黄大年用生命作出的回答。

以创新追求勇攀科研高峰

科技兴则民族兴，科技强则国家强。对一名科技工作者而言，投身祖国科技创新的时代洪流，为建设世界科技强国作出贡献，是最大的使命担当，也是最高的荣誉褒奖。

被人们称为“拼命黄郎”的黄大年曾经说过：“中国要由大国变成强国，需要有一批‘科研疯子’，这其中能有我，余愿足矣！”

7年间，他带领400多名科学家，创造了多项“中国第一”，为我国“巡天探地潜海”填补多项技术空白，不少处于国际领先地位。斯人已逝，追思犹存。黄大年以只争朝夕的精神投身科研，谱写了一首矢志创新的奋斗之歌，竖起了一座勇攀高峰的精神丰碑！

用品格力量标注生命高度

修齐治平、兼济天下，是一代代中国知识分子砥砺前行的价值航标。为人治学的至善境界、至高追求，犹如不灭的火炬，点亮人生之路，烛照民族未来。

在黄大年身上，人们看到这样一个知识分子的精神“复合体”：既有中华优秀传统文化的血脉赓续，又有现代学术基因的发扬光大；既有不图虚名、潜心钻研的科学精神，又有诲人不倦、爱才育才的大师风骨。他用58载的短暂人生，书写了什么是奉献，回答了什么叫担当，以高超的学术、高尚的品德，筑就一段感人至深的生命历程，留下了一座弥足珍贵的精神富矿。“黄大年精神”永世长存！

2017年7月3日上午，黄大年同志先进事迹报告会在人民大会堂举行。报告会前，时任中共中央政治局常委、中央书记处书记刘云山会见了报告团成员，代表习近平总书记，代表党中央，向黄大年同志家属表示亲切慰问，并颁发党中央追授黄大年同志“全国优秀共产党员”荣誉证书、奖章。报告会由中组部、中宣部、教育部、科技部、中国科协和吉林省委联合主办。报告团成员结合亲身经历，讲述了黄大年同志的先进事迹和崇高精神。中国科学技术协会副主席、清华大学副校长、中科院院士、国家“千人计划”特聘专家施一公这样评价黄大年：“他是最单纯的赤胆忠心的海归科学家，单纯到为了祖国和科学事业的发展从不计较个人得失，倾注全部精力。他是一代人的楷模，是中国知识分子的楷模，是460多万留学生的楷模，他的崇高精神感染激励的是一个领域、一批学子、一代人。”

黄大年在贵县读书、工作、生活了11年（1970—1980），在他的成长历程中留下难忘的记忆。2003年夏天，他从英国赶回来，邀请当年附城公社高中的老师同学聚会，还到七里桥广西第六地质队大院，察看他家曾经居住的平房和母亲任教的学校，并与队友们合影留念。黄大年是在贵港市读书成长走出去的著名地球物理学家、当代杰出战略科学家，这是贵港教育和贵港人民引以为自豪的荣耀！

2018年9月18日上午，贵港市隆重举行“黄大年同志事迹展馆”揭牌仪式。该展馆由贵港市与广西地质矿产勘查开发局共建，馆址在贵港市中心城区七里桥路广西第六地质队大院内。中共贵港市委书记、市人大常委会主任李新元，贵港市市长农融，广西地质矿产勘查开发局党组副书记、副局长战明国，广西第六地质队队长雷英凭以及黄大年的弟弟黄大文共同为展馆揭牌。

黄大年的母校——贵港市港北区高级中学邀请了黄大年的弟弟黄大文给全校师生作宣讲报告，“港北高中黄大年纪念馆”已经对外开放，“黄大年文化广场”也在建设中。由贵港市关心下一代工作委员会、贵港市老科技工作者协会合编，漓江出版社出版的大型丛书《贵港教育筑梦人》(第一卷)，收录了习近平总书记对黄大年同志先进事迹的重要指示和黄大年在贵港市读书成长的故事，记载了100多位优秀校长、模范教师、特级教师、教坛明星的先进事迹以及80多所名校的办学历史，是一部践行社会主义核心价值观、弘扬黄大年精神、催人奋进的教育史书，得到社会各界的一致好评。

鞠躬尽瘁兴邦梦，赤胆忠心爱国情。黄大年的先进事迹宛若一部有血有肉的教科书，每一页都写满了爱国之情，每一篇都抒发了强国之志，每一章都印证了报国之行。

哲人有言：世界上最快乐的事，莫过于为梦想而奋斗。让我们共同学习弘扬黄大年的崇高精神，把爱国之情、报国之志融入祖国改革发展的伟大事业之中、融入人民创造历史的伟大奋斗之中，在决胜全面小康、实现中华民族伟大复兴的中国梦的新征程中贡献智慧和力量!

(本文参考长篇报告文学《大地之子黄大年》和长篇通讯《心有大我，山一样的巍峨》。)

作者：沈京文，曾任贵县教育局局长、县级贵港市教委主任、地级贵港市教育局副局长、市政协文史委员会主任。

覃秋明，现任贵港市港北区高级中学党委书记、校长。

黄大年的育人情结

高淑贞

1977年，作为恢复高考后的第一批天之骄子，在广西贵县附城高中(今贵港市港北高中)毕业并在广西第六地质队工作了28个月的黄大年，如愿考上了长春地质学院应用地球物理系，1982年2月大学毕业，留校任教。

他第一份工作是留在长春地质学院应用地球物理系的物探方法研究室。经过穆石敏老师的严苛训练，黄大年于1987年开始独立为本科生上课，讲授《重磁数据处理》课程。黄大年生前的办公室里至今还珍藏着他第一轮授课的三本备课笔记。在备课笔记中，他认真地将授课内容、重点难点、讲课方法、作业习题等内容，都工整地呈现在备课笔记中，仔细到每一个公式的推导。听过他讲课又跟他作毕业论文的物探84级本科学生回忆，黄老师不仅推导公式厉害，计算机也非常厉害。此后，黄大年一直是系里超工作量承担教学任务的讲师之一，1991年破格晋升为副教授。

1992年10月，黄大年被公派到英国利兹大学攻读博士学位，在英国留学和从事科研工作达18年，成为被国际同行们称颂的著名地球物理学家。2009年12月，黄大年满怀先进的教育理念及实际科研经验与能力，回到了阔别 18 年的吉林大学地质宫，重新走进了他当年学习并在此任教的教室，成为第一个回到东北地区发展的国家“千人计划”特聘专家。

“我最看重的身份是教师，教书育人是教师的天职”“我的第一要务就是培养人”，黄大年这样定义自己回国之后的工作。在实际工作中，黄大年认真践行着自己的信念。7 年间，他指导了 18 名博士研究生、26 名硕士研究生。他对人才成长的期待与力行，体现在他日常点滴的工作中。2010 年，刚回国不久的他，亲自为本科新生作入学教育，此后每学期都要为本科生作学术讲座，引导学生学习。他还经常邀请国际知名学者来校作学术讲座交流，受益者中必然有本科生。他从战略的高度瞄准祖国未来几十年发展的人才需求，鼓励和引导学生将个人理想与国家前途命运紧密联系在一起，开阔视野，全面学习，全面成长，全面发展。

黄大年注重培养拔尖创新人才。2009 年，吉林大学首批入选“基础学科拔尖学生培养试验计划”，并成立了多个拔尖创新人才培养试验班。同年，吉林大学启动“名师班主任计划”，鼓励院士、“千人计划”专家等名师担任本科生班主任，黄大年第一时间积极响应。学院原党委书记黄忠民在追思中讲述：“当我问大年老师愿不愿意担任试验班的班主任时，他爽快地回答，我非常愿意。”作为承担国家多项技术攻关项目的首席科学家，尽管日常科研工作异常忙碌，但黄大年从来都把为祖国、为人民培养拔尖创新人才当作自己的首要任务。基于试验班学生的优良学术潜质，黄大年立足于学生的个性发掘，尊重学生的兴趣爱好，引导学生积极向上的性格养成，着力发现培养具有特殊潜质的优秀人才。考虑到学生们的经济条件差异，为避免造成学生们的经济负担和心理压力，他自掏腰包，给试验班的24名同学每人买了一台笔记本电脑。他说："信息时代就要用现代化的信息搜索手段，追求先进的理念必须从细节开始灌输。"此外，他还在电脑上为学生安装上从国外带回的一流分析和应用软件，训练他们掌握相关的学习方法和必要的研发技能。他所指导的2009级"李四光试验班"荣获长春市"十佳班级"荣誉称号，该班学生全部选择继续深造，在国内外一流高校攻读研究生。

黄大年注重培养学生的理想、责任感、学术操守。他采用循循善诱的引导方式，通过班级讲座、个别沟通、频繁接触等方式，建立平等、宽松、自由的培养环境。稍有闲暇，他还走进学生宿舍，主动了解学生特点，介绍学科背景，有针对性地指导和帮助学生设计学习计划和发展方向，他尽可能创造机会和学生在一起活动，循循善诱，鼓励同学们树立远大理想，传承"振兴中华，乃我辈之责"的民族责任。

黄大年注重提升学生的国际视野。基于他在国外学习工作的经历，黄大年通过借鉴国外优秀高校培养优秀人才的成功经验，为学生的全面发展创造有利条件。他结合自身的体会给学生讲述一个故事："我读大学本科时，正是通过后来成为中国科学院院士的滕吉文教授的一次讲座，拓展了自己的国际视野，让我决定'一定要走出去看一看'。也正是因为听了这次讲座，才在数年之后，我踏上了异国求学的旅程。"黄大年传承了滕吉文教授培养学生的国际视野和追求卓越的理念，每届新生入学时，他都主动向全体新生作报告。同学们聆听黄大年的生动报告后，深受激励和鞭策。地球物理专业的学生周文月回忆说，同学们为能听到这样一位大科学家的报告而深感荣幸。黄大年经常以剑桥大学的优秀学生作为比照对象，系统分析比较双方的培养内容和环节，以此激发学生瞄准世界一流，追求卓越的意志品质。黄大年在国外的专家朋友只要来到中国，除了学术报告，他都会邀请他们来跟自己的学生近距离交流。“你们一定要出去，出去了一定要回来；你们一定要出息，出息了一定要报国。”这是黄大年生前对学生的教诲。这是名师的远见，更是他对国家的承诺。

黄大年力行拓展培养资源。他在日常工作中坚持为学生授课，主动参与学生开放性试验项目和“大创”课题的指导。他坚持将“全过程育人、全方位育人”贯彻始终，毫无保留地为教育事业奉献自己的力量。作为主动将科研成果转化为教学资源的典范，在吉林大学兴城实践教学基地的建设中，黄大年主动将自己最前沿的科研成果贡献出来，对兴城实践教学基地的地质地球物理条件进行了全面系统的探测，并将探测结果直接转化为实践教学资源，为北京大学、哈尔滨工业大学、中国海洋大学等9所高校相关专业的本科生实习实践提供了完整的、重要的地质地球物理资料。作为国际一流科研实验室的负责人，黄大年积极响应学校的号召，首先将自己在校内的科研实验室全面面向本科生开放，吸引一大批优秀学生进入实验室实践学习。在学生的毕业设计环节，黄大年根据学生的学业表现和个人特点，设计论文方向，审定论文题目，采用英文原版材料作为论文的参考基础；利用先进的软件支持提高分析和解决问题的技能；借鉴国外优秀学者的逻辑思维框架，组织和构思研发的技术路线和实施方案。

黄大年从严治学，培养学生崇高理想信念。黄大年说过："从国家需要和世界一流看，我们虽然努力了，但还很不够，还有距离。"这是黄大年从严治学的出发点。借用自己在海外培养学术型人才的既往经验，他整理各类教学资料，高强度、高要求、高标准地培养学生的自主研发能力，提升学生独立创新的素质，按国家高层次人才培养的标准，落实具体的人才培养方案。例如：在装备上，采用最先进的手段，包括计算机和网络硬件，高端软件（国内外高校都少见的专业软件配置）配备给学生；自主培养和引进国外高端技术人员系列培训专业技能；管理和考核训练的强度和效果，利用资质和认证书形式鼓励学生成为规范化的国际型技术人才。此外，他积极鼓励学生参与国家重大科研项目，以战代练，积累经验，建立信心，树立为国争光的使命和责任感，鼓励学生成为国家需求的高级研发型人才。

黄大年不忘初心，无私忘我培育人才。他在微信朋友圈中写道："铁打的营盘，流水的生，进是青涩出是才。作为老师，绝不能亏待了这帮孩子，绝不能耽误了这帮人才。因为他们，我们才体会到生活的意义和坚守的价值。"秉持这样的理念，黄大年不惜牺牲大量的休息时间，甚至不顾个人身体健康，全心全意培养学生。为了给学生作一场报告会，他饭也不吃就走上讲台。在检查出胆管癌后，他在医院的病榻上，依然坚持与学生们见面，指导布置工作。不仅是学业和科研的指导，在生活上他同样关心每一名学生，只要生活有困难，他总会第一时间伸出援手。他教过的所有学生，都充满感恩之情。

“等我出院了，我们还有很多活要干。”这是学生王泰涵回忆黄老师在病榻前与他的最后一次对话。“他始终充满阳光”，与黄大年接触过的师生都这样评价。黄大年用自己的人生践行和书写了人民教师所应具备的崇高品德，他是当之无愧的“全国最美教师”！

作者：高淑贞，现任吉林大学地球探测科学与技术学院党委书记。

我的好哥哥黄大年

黄大文

我的哥哥黄大年离开我们快两年了，每当想起他，或说到他，我们依旧抑制不住内心的极大悲伤。2017 年元月，在那遥远的东北吉林，零下 30 多摄氏度，风雪皑皑。在医院的抢救室里，我一次次代表家属签字，医生护士们竭尽全力地紧张施救……直至最后的追悼会与哥哥送别，我都强忍着悲痛，担心嫂嫂和妹妹承受不了，当时的情景深深地印在我的脑海里。直到今天，我们依然觉得大年哥哥仍然来去匆匆、不知疲倦地奔走在教书育人和科技兴国的追梦路上。

童年的记忆是最纯真的。我和哥哥妹妹出生在广西南宁地质系统的一个教师家庭，父亲黄方明是中学教师，母亲张瑞芳是小学教师。1966 年“文化大革命”开始的时候，哥哥正在南宁市建政路小学读一年级，1969 年我们随父母下放到桂东北的临桂县，1970 年又转到桂东南的贵县（今贵港市）广西第六地质队，队部驻地就在贵县城区西郊七里桥。我们家居住在地质队大院的一间小平房里，生活条件十分艰苦。那时候，贵县城区较小，七里桥远离城区，比较荒凉，交通不便，我和哥哥同第六地质队的干部职工子女读书都要到附近的西江农场场部小学就读。上学途中要跨过铁路，经过河流，还有一段几里路远的甘蔗地，那地方没有人家，很偏僻，父母很担心我们路上的安全，倒是哥哥常劝父母不要担心，说：“我们不会有事的，我会照顾好弟弟的，你们就放心吧！”对哥哥的懂事，父母虽然感到欣慰，但想到我们的安全，妈妈还是不时地背地里偷偷落泪。

后来发生的两件事，就更让母亲担心了。一件事是勇拦火车救车救人。一天下午，12 岁的哥哥和地质队大院的同学在放学回家的路上，发现一辆满载甘蔗的拖拉机在道口的铁轨中间熄火抛锚了，周围没人，拖拉机司机一筹莫展，哥哥和几个同学立即跑过去帮司机把车推离铁轨，但人太少，推不动。这时远处传来了火车的鸣笛声，大家都慌了，不知如何是好。说时迟，那时快，只见哥哥解下红领巾，一边挥动着，一边向火车奔去，高喊着“停车！停车！”。火车司机发现了，马上一个急刹车，随着刺耳的金属摩擦声，火车终于在离熄火抛锚的拖拉机三四十米远的地方停了下来，避免了一场重大事故。第二天，第六地质队食堂门口贴出了一张红红的感谢信，上面写着：感谢“欧阳海”式的好少年黄大年。当我看到感谢信的时候，真为哥哥的机智勇敢感到骄傲，觉得哥哥太伟大了！

还有一件事是临危不惧救同学。一天下午放学回家，途经七里桥，桥下河水缓缓流淌，两岸草木青翠，景色迷人，有人提议到河里游泳，于是大家放下书包，到河里游泳去了，游着游着，正当大家玩得高兴的时候，河水突然变得湍急起来——山洪来了，大家都慌了手脚，急忙往岸上爬，但是处在河中心的李忠贵同学来不及上岸，被洪水围困，大呼“救命”，危急关头，哥哥奋不顾身跳入水中，向李忠贵游去，从李忠贵背后将他往岸边拽，几经险情，终于将李忠贵拽到岸边，在同学们的帮助下，两人都平安上了岸，上岸后哥哥歇得很久才回过神来。李忠贵每次回忆起这件事，都很动情地说：“大年是我的救命恩人！”而哥哥总是劝他不要把这事放在心上。父亲对哥哥的这两件事情心里很赞赏，觉得哥哥是块能成大材的料，但嘴上不说，只是拍拍哥哥的肩膀说：“以后要注意安全！”

后来由于农场学校缺教师，就把我父母从第六地质队借调到农场学校分别担任初中、小学教师(农场学校没有教工宿舍，父母一直住在地质队大院)。哥哥小学毕业后，父亲把他送到罗城县广西地质系统办的“五七基地子弟学校”(寄宿制)念初中。父亲不让哥哥留在他任教的西江农场学校就读，而把他送到一百公里外的罗城县“五七基地子弟学校”就读，是想让他早日养成独立生活的习惯，打造自强不息的品格和健全的人格。父亲的用意我们后来也逐渐理解和明白。

父亲经常给我们讲钱学森、李四光、邓稼先等科学家的故事，这些故事在我们幼小的心灵里留下了极为深刻的印象，这些故事中的人物都成为我们心中的偶像。父亲说，每一位科学家，从小都经历过艰苦的磨炼，都有远大志向，养成了刻苦学习、自强不息的奋斗精神，只有这样，他们才能作出惊天动地的伟大业绩。中国的未来绝不能没有文化知识，你们不要受到读书无用的思想影响，要安下心来，珍惜时光，好好读书，长大了才会有出息。父亲语重心长的教导，让我们从小就懂得了发愤图强。

在我们家中，哥哥聪明又能干，我和妹妹都非常钦佩他，他是我们学习的榜样，我们有什么困难都找他帮忙，在我们心中没有什么困难是哥哥解决不了的。哥哥从小学到初中，从高中到大学，都刻苦学习，成绩优秀。他小时候荣获的三好学生、优秀学生干部的各种奖状，贴满了家里的墙壁，深得父母和邻居的赞赏。

哥哥在罗城“五七基地子弟学校”初中毕业后，由于该校没办高中，就回到父亲工作的地方，到贵县附城公社高中就读。哥哥在附城高中毕业那年，我也进入贵县向阳高中读书了。哥哥在附城高中读书的时候非常勤奋，学习成绩出类拔萃，是班上的学习委员，老师们常夸他，同学们都羡慕他，他充满了青春活力，朝气蓬勃，性格开朗，同学们都喜欢和他在一起。哥哥爱唱歌，爱打球，还是附城高中学校篮球队队员。

哥哥不但在学习上是一把好手，在劳动方面也是一把好手。在附城高中读书的时候，正是“教育要革命”的年代,“学工”“学农”“学解放军”，他参加了社会实践活动和劳动生产，经常到农村或学校农场参加劳动，还到农村“三同”，与农民同吃、同住、同劳动，各种农活他都干过，还成为一把好手，各种苦头他都尝过，且能笑对人生。在参加港口运煤和农村平整土地的劳动中，他多次被评为劳动标兵和先进个人。这些经历让哥哥养成了不怕脏不怕臭、不怕苦不怕累的劳动习惯，为他的成长打下了坚实的基础。俄罗斯作家阿·托尔斯泰说过，一个人要真正强大起来，就必须“在清水里泡三次，在血水里浴三次，在碱水里煮三次”。没有在苦难中历练过的人，是不会有大成就的。

哥哥高中毕业那年，适逢广西第六地质队招工。1975 年 10 月，哥哥和同班同学司志刚一起报名参加考试，成绩优秀，被广西第六地质队录用。最初安排在二分队博白县三育矿区 10 号钻机工作，不久便派去柳州市参加物探员培训班学习，三个月后培训结束分配到三分队当物探操作员。当时，仪器设备落后，搞地质物探工作流动性很大，经常跋山涉水，风吹雨淋，住在深山老林的竹棚里，晚上蚊虫肆虐，还有毒蛇的威胁，工作环境非常艰苦，但哥哥毫无怨言，还自得其乐。更多的时候是寄宿在农村村民家里。哥哥与房东及其他村民关系融洽，常热心帮助村民做这做那，和他们就像一家人，大家都很喜欢他。那时候农村还没有电，哥哥每天晚上不管多累都坚持在煤油灯下看书学习。村民们看到哥哥那一大箱子的书，都觉得他将来肯定有出息，大家都以他的勤奋好学来教育和激励自己的孩子，要他们向哥哥学习。

哥哥先后在三分队容县石寨矿区、容县六堡矿区、北流县石窝矿区干物探工作，一干就是两年多，这两年他经受了风霜雨雪的考验，得到了又一次的艰苦磨炼，让他受益匪浅。这两年，哥哥被评为广西地质系统“优秀共青团员”和“工业学大庆”先进工作者。

1977 年 12 月恢复高考，哥哥在容县六堡矿区工作，不能回贵县参加高考。后来通过第六地质队和自治区地矿局领导的多方协调，几经周折，终于获准在容县杨梅高中考点参加高考。功夫不负有心人，哥哥从来都没有荒废学业，他以优异成绩考入长春地质学院。收到大学录取通知书的那天，全家人都觉得喜从天降，父母亲流下了激动的泪水，叫我赶快去买鞭炮，鞭炮声惊动了整个地质队大院，领导和同事们、家属朋友和同学们都赶来向父母亲和哥哥道喜！

哥哥去东北上大学以后，就很少回家了。后来，又去英国留学攻读博士学位，获博士学位后就回到祖国，在吉林大学担任教授。一年后，又被派到英国从事科研工作，我们见面的机会就更少了。2004 年 3 月，父亲病重住院，临终前很想念哥哥，叫我想方设法打通哥哥的电话，父亲在电话中说话很缓慢、声音很微弱，满脸泪水地说："大年，你还好吧？我想我们见不到最后一面了，我理解你的处境……你要记住，你不能为父母尽孝，但不能不为国家尽忠，别忘了，你是有祖国的人啊！"哥哥在电话的那头哽咽地说："爸，我会永远记住您的话，按照您说的去做，您放心吧！"两年后，母亲也病倒了，临终前，母亲在电话中深情地、无限期待地对哥哥说："大年啊，你在国外工作不容易，一定要照顾好自己。……早点儿回来吧，我们好想你啊！"这是母亲在呼唤儿子，祖国在呼唤儿子啊！

自古忠孝难两全。父母双亲临终时，都不能见上儿子一面，这是哥哥一生的最大遗憾。等到哥哥从英国回来，我们兄弟姐妹三人一起祭拜父母，长跪在双亲坟前哭泣不止。哥哥悲痛地呼喊："爸妈啊！儿子今天回来看你们了……"

2009 年冬，哥哥践行了对父母的诺言，回到了祖国。回国以后，哥哥夜以继日地拼命工作，我们知道哥哥在干非常重要的事情，他在为祖国抢时间。我们很为哥哥的身体担忧，经常劝他注意保重自己的身体。

哥哥去世以后，报纸、网络等各大媒体天天宣传报道他的先进事迹，我们才知道，原来哥哥为祖国做了那么多惊天动地的大事。

习近平总书记对我哥哥的先进事迹作出重要指示，字字句句都铭刻在我心上：黄大年同志秉持科技报国理想，把为祖国富强、民族振兴、人民幸福贡献力量作为毕生追求，为我国教育科研事业作出了突出贡献，他的先进事迹感人肺腑。我们要以黄大年同志为榜样，学习他心有大我、至诚报国的爱国情怀，学习他教书育人、敢为人先的敬业精神，学习他淡泊名利、甘于奉献的高尚情操，把爱国之情、报国之志融入祖国改革发展的伟大事业之中、融入人民创造历史的伟大奋斗之中，从自己做起，从本职岗位做起，为实现“两个一百年”奋斗目标、实现中华民族伟大复兴的中国梦贡献智慧和力量。

习近平总书记的重要指示，让我们为有这样一位好哥哥而感到非常自豪！哥哥“心有大我、至诚报国”的爱国情怀不就是父母亲对他的要求吗？哥哥为祖国作出的贡献不就是父母亲对他的期望吗？哥哥为祖国教育科研事业作出了突出贡献，是哥哥践行了对父母的诺言，也是哥哥对祖国、对人民、对党践行了自己的诺言！哥哥永远是我们的学习榜样。

哥哥成为一个对祖国有贡献的地球物理学家，他作为国家

“千人计划”中的深地探测技术专家，在回国7年的时间里，带领相关技术科研团队，夜以继日地试验攻关，使得中国快速移动深地探测技术跻身国际前列，创造了多项“中国第一”。这是祖国的骄傲！人民的骄傲！我们作为他的亲人，更是深感自豪！

在去年一年里，我作为黄大年的亲弟弟，四次进京，接受党和国家领导人的接见，多次代表哥哥登台领奖。最让我感动和难忘的是,2017年11月17日上午，在北京人民大会堂金色大厅里，习近平总书记亲切接见“2017年全国精神文明建设道德模范表彰大会”的代表，与代表们一一握手并合影留念。当习近平总书记那温暖而刚健的大手握着我的手时，我激动得热泪盈眶。我告诉总书记，我是黄大年的弟弟。总书记停了下来，关切地询问我家里的情况。总书记有多少大事要操劳呀，他不仅记住了黄大年这个国家“千人计划”专家、吉林大学教授的名字，还对黄大年的先进事迹作出重要指示，充分肯定他的突出贡献，赞扬他的崇高精神，充分体现了党中央对广大知识分子和科技工作者的重视与关爱、重托与期待。

党和国家给哥哥追授了许多荣誉称号。中共中央追授他“全国优秀共产党员”称号，中共中央宣传部追授他“时代楷模”荣誉称号，教育部追授他“全国最美教师”荣誉称号、“全国教书育人楷模特别奖”，中国科协、科技部追授他“杰出科学家”荣誉称号，国务院侨务办公室追授他“至诚报国归侨楷模”荣誉称号，中国侨联追授他“侨界楷模”荣誉称号，中央精神文明建设指导委员会追授他“第六届全国道德模范”荣誉称号……当我代表哥哥领奖，手捧着沉甸甸的奖牌的时候，心情无比激动。

哥哥为祖国教育科研事业作出了突出的贡献，祖国和人民不会忘记他！

作者：黄大文，广西机电工业学校教师，黄大年的弟弟。

沉痛悼念老同学老战友
黄大年教授

林　君

2017年1月8日，著名地球物理学家、吉林大学交叉学科学部部长黄大年教授因病医治无效，离开了我们，这不幸的消息震惊了吉林大学师生，也震惊了中国的学术界。

几天来，同学、好友向我致电询问病情始末，电话不断。他们难以相信这一悲痛的事实，而我每次在陈述大年已离开了我们时，都泪如泉涌。与大年相识、相知近四十载，我们共同为地球探测装备自主研发而奋斗的往事历历在目。夜里，我辗转反侧，大年的音容笑貌一直在眼前浮现。

与大年相识在1978年，这是恢复高考后的第一年，是在长春地质学院物探系金属物探专业新生报到的日子，大年来自广西地质队，我来自辽宁乡村。大年分在3773班，我分在3771班。我们金属物探专业四个班的同学一起上课，一起在地质宫二楼阅览室上自习，我俩经常共同讨论问题。1982 年毕业留校，大年留在物探系，而我分到了仪器系，站在新的起点上，我们许下心愿，共同努力，发展地球物理方法，研制属于我国的地球物理探测仪器。

我们真的有缘。1982 年，我俩又一起在学校组织的教师英语高级班学习了一年英语。之后共同研修物探系硕士研究生课程。在 1990 年、1991 年我赴英国留学、交流回国后，1992 年大年也获得了国家留学基金资助，同样赴英国求学。送大年出国的时候，大年坚定地对我说，老同学，再会，我一定会把国外的先进技术带回来！

大年从未忘记自己对祖国的承诺。从 1992 年到英国学习、工作共计 18 年，大年总是惦念着母校，经常回访交流，以拓展师生们的国际视野。物探系 77 级留校的同学还有杜晓娟和我，为了便于大年常回来，专门为大年申请了学校的流动编。2009 年，中科院和吉林大学共同组织申报“深部资源探测关键仪器装备与实验”重大项目，需要紧急召集海归优秀人才组建团队。大年听闻，义不容辞地处理掉剑桥的住房，作为吉林大学第一个国家“千人计划”人选，和夫人一起，于 2009 年 12 月回到了母校，组织全国优秀研究团队，作为首席科学家开始深地探测关键装备攻关研究。2016 年由多位院士专家组成的验收会上，大年带领的研究团队，经过短短 6 年的刻苦攻关，所完成的深地探测仪器装备成果获得了国际领先水平的高度评价！

大年忘我工作，令人难以想象。2010 年以来，大年跨学科组织团队，与探测仪器专家合作研发深地探测和海洋反潜，与机械领域专家合作研发大载重量无人机，与计算机专家合作研发地球物理大数据处理与解释，涉猎地学、信息、军事和军民融合等多个领域。作为老同学，我总是愿意给他最大的帮助。仪电学院将 2009 年从国外引进的骨干人才曾晓献、从中科院长春光机所引进的刘杰以及高压物理国家重点实验室留校的杨大鹏等派到大年的团队，以支撑他不断拓展研究领域的脚步。回国后，大年不知疲倦，几乎是夜以继日地连续工作。2016 年 12 月初，大年晕倒在出差途中。组织上安排大年检查，2016 年 12 月 4 日，大年检查完出院又到办公室工作，我到大年办公室，看到大年脸色不好，劝大年在家休息几天。为了不影响工作，大年紧接着又到北京出差。刘杰在北京给我打电话，说黄老师身体不好，需要回长春住院。8 日大年住院，14 日手术之后，刘杰给我发短信，告知手术做完了，让我放心。15 日早上，我心急如焚，尽管大年的秘书告诉我手术后在 ICU 无法探望，我和仪电学院余国友书记还是不放心，坚持去医院看望了大年的家属。当听到手术成功、术后不用化疗时，心里感到安慰。回来后一直盼望大年能早日康复，没想到……

大年，人生处处是战场，战场上你战胜了千难万苦，却没有战胜辛勤劳累带来的病魔，更没想到，短暂的失联却成永别。

大年，你榜样的力量，将激励更多的人化悲痛为力量，完成你未完成的伟大事业，实现你回国追逐的梦想！

大年，老同学怀念你，老朋友怀念你，老战友怀念你！

2018 年 1 月 11 日于长春地质宫

作者：林君，吉林大学仪器科学与电气工程学院院长。

黄大年母校——原贵县附城高中的办学历程

宁垂训

当我从电视和报刊中看到习近平总书记对黄大年同志先进事迹作出重要指示，高度评价他的突出贡献和崇高精神，号召全党、全国人民向黄大年同志学习时，才知道黄大年是世界著名地球物理学家、当代杰出战略科学家。作为曾在原附城高中工作的老同志，我的心情无比激动，当年黄大年在附城高中读书的情景历历在目。

1973 年 9 月，黄大年进入贵县附城高中读书时，我也是刚从大圩高中调入附城高中工作不久。1973 年 3 月，时任贵县教育局长的冯绍发找我谈话，说现在贵县高中和贵县初中都停办了，贵县高中改办为贵县工农师范，贵县初中改办为附城高中。教育局决定在附城高中开设文体班，面向全县择优招生，把附城高中办成特色高中。所以，局里研究调我到附城高中任副支书兼革委副主任（副校长），协助谭福卿把附城高中办好。

当时处在“文化大革命”期间，教育战线受到严重冲击，取消了全国高等学校招生统一考试（高考）；学制缩短，小学改为五年制，初中、高中改为两年制；实行开门办学，学校办工厂、农场，学工学农，接受贫下中农再教育。贵县教育盲目发展，各村屯办小学，各大队(行政村)办初中，各公社(乡镇)办高中。1970年3月，贵县革委会决定撤销贵县重点高中，改办贵县工农师范。同时，撤销贵县重点初中，把校舍让给新办的附城公社高中。所以，附城公社高中校址就在东湖公园西侧，即后来的贵县师范校址。

新办的附城公社高中只有谭福卿和我两位领导，工作任务非常繁重。学校每年招高一新生8个班，两个年级共有16个教学班，约有1000多名学生。多数学生来自农村家庭，部分学生是城区干部职工子女，也有少数学生是当地驻军部队干部子女。学校生源比较广泛，又受到当时“读书无用论”的影响，有些学生无心向学，纪律松散，学校管理难度很大。为此，我们特别重视加强学校管理，加强学生的思想政治教育，与当地驻军部队联系，请他们派干部对学生进行军训，训练学生的队列，规范学生的着装，指导学生整理床铺，养成严谨的生活作风。还经常请部队首长到学校对师生进行革命传统教育，逐步形成良好的教风、学风和校风。

办好学校，教师是关键。当时，全县办有22所高中，县城只有两所，达开高中下放给贵城镇办，更名为向阳高中。附城高中得天独厚，不仅接管了贵县重点初中的校舍和教学图书仪器，而且贵县高中、贵县初中的骨干教师也多数留在附城高中。附城高中要办成特色高中，还缺一些体育、艺术骨干教师，我们向县教育局提出请求，教育局就把优秀的体育教师甘进忠、唐锦传、梁天尺调到附城高中任教，并把广西大学英语系毕业的李炎贞老师调入附城高中担任文体班班主任。所以，当时的附城高中是全县办学条件最好、师资力量最强的高中学校。

在我的印象中，1973 年 9 月至 1975 年 6 月，黄大年在附城高中读书的两年间，他所在的 75 届 21 班的班主任是朱永昌老师。朱永昌老师是上海人，大学毕业后就来到广西支援边疆建设，不仅英语课教得好，而且班主任工作很出色，对黄大年的成长帮助很大。朱老师看中黄大年同学勤奋好学，活动能力强，书法绘画都不错，便挑选他担任学习委员。班级和学校出版的墙报宣传栏，都交给黄大年去规划、设计、布置。黄大年指挥一帮同学参与其中，每次都出色完成任务。朱老师还鼓励黄大年要树立远大理想，不要受“读书无用论”的影响，安下心来，认真读书，刻苦学习，夯实文化基础知识的根基，尤其要学好外语，将来才能走出国门，到国外留学深造，掌握先进科学技术，为祖国贡献力量。

附城高中文体班 75 届 22 班的班主任是李炎贞老师。李老师年轻活跃，有艺术天赋，拉唱弹跳样样都在行。她爱人刘子庄还是贵县有名的音乐创作人，对各学校创作校歌颇有贡献。附城高中文体班的学生最活跃，学校篮球队和文艺队的主力队员都在文体班 22 班。黄大年所在的 21 班就在隔壁，黄大年他们老是不服气，经常邀请 22 班同学开展篮球比赛，久而久之，黄大年的球技有很大提高。他虽然身材中等，但动作灵活，投篮很准，由“替补队员”转为附城高中篮球队主力队员。我曾带队多次参加全县中学生篮球赛，都夺得第一名，为学校争得了荣誉。黄大年在我心目中留下了很好的印象。

当时，全县中小学校都办有农场基地，少则10多亩，多则几十亩，甚至超百亩。附城高中的农场基地，也是附城高中分校，在城区东郊沙江桥驻军部队的南面，大约有100多亩地，有水田、旱地、鱼塘，种有水稻、玉米、花生、甘蔗等农作物，还养猪、养鱼，基本做到蔬菜自给，节假日还杀猪捕鱼，改善师生生活。每个学期，师生按年级、分批次、轮流到分校上课、劳动。我经常带领学生到分校农场基地劳动，从东湖边校本部走路去到分校，最快也要40分钟。农村学生参加生产劳动是平常事，城区学生参加生产劳动确实是很好的锻炼。黄大年出生在知识分子家庭，父母都是教师，但他热爱劳动，不怕苦，不怕累，虚心向农村同学学习，很快就学会了犁田、耙田和插秧。

黄大年给老师同学们留下了深刻印象。他在贵县附城高中不仅学到了比较扎实的文化基础知识，而且受到了艺术、体育的熏陶，年年被评为“三好学生”和“优秀共青团员”，是品学兼优的拔尖学生，为他日后的成长成才奠定了基础。

1976年12月，为了加快发展师范教育，县政府决定贵县工农师范与附城高中对换校址，附城高中搬到原贵县高中在圣塘南面的校址，工农师范则搬到东湖西边附城高中的校址。1977年恢复高考以后，1978年3月，县委、县政府又决定，贵县高中在原址恢复办学。因为是春季学期，贵县高中招生有困难，附城高中也无法搬出，只有把附城高中的校牌暂时拿下，换上贵县高中的校牌。校长仍由附城高中校长谭福卿担任。附城高中所有学生都留在贵县高中读到毕业。直到 1980 年 9 月，附城乡政府划拨部分土地给附城高中分校，扩建了新校舍，附城高中才从贵县高中搬出，迁往城区东郊沙江桥驻军部队南面的新校址（今港北高中校址）。

后来又几易校名。1985 年 3 月，更名为“贵县民族中学”，面向全县招收民族高中班。1988 年 12 月，贵县撤县改市后，更名为“贵港市民族中学”。1992 年 9 月，贵港市民族中学并入壮文学校后，更名为“贵港市港区中学”。晋升地级贵港市后，港区中学划归港北区管理，定名为“港北区高级中学”。这就是黄大年母校——原贵县附城高中的办学历程。

黄大年是从贵港市读书成长走出去的大科学家，是习近平总书记亲自点赞的时代楷模，是贵港教育和贵港人民的骄傲！

我衷心祝愿黄大年母校——港北区高级中学师生，认真贯彻落实习近平总书记的重要指示，不断弘扬黄大年的崇高精神，立德树人铸校魂，学校越办越好，人才层出不穷！

作者：宁垂训，曾任大圩高中副校长、附城高中副校长、县级贵港市体委主任、地级贵港市人大资源与环境委员会副主任。

黄大年高中学习生活点滴

黄家新　朱朝阳

当我们在电视、报刊上得知，习近平总书记高度评价的世界著名地球物理学家、当代杰出战略科学家、“时代楷模”——黄大年就是我们当年在贵县附城高中教过的学生时，内心无比震撼！无比自豪！黄大年在高中阶段学习生活的点点滴滴历历在目。

“笨鸟先飞”学英语

黄大年出生在知识分子家庭，父母都是教师，从小学到高中，黄大年读书勤奋，成绩优秀。刚满 15 岁的他进入高中读书时，就对英语这门功课产生了浓厚的兴趣。当时很多同学认为，既然没有高考升学希望，学英语有什么用？黄大年则另有想法，学校开设英语课，肯定是国家要求，是培养建设人才的需要。这时，从上海外国语学院毕业的上海人朱永昌老师担任他们的外语老师兼班主任，常在课余时间找黄大年聊天，跟他讲学习外语的重要意义，还现身说法，教他学习外语要下苦功夫，要有“笨鸟先飞”的精神。在班主任朱永昌老师的启发诱导和耐心辅导下，黄大年每天比别人早起，抓紧时间放声朗读英语单词，晚自修下课还舍不得离开教室，捧着英语书认真默读默写。渐渐地他对英语产生了浓厚兴趣，课堂上，老师提问，他争着举手回答，有时去饭堂打饭，路上也时不时背英语单词。北京大学毕业的政治老师黄玉田，他爱人林妙英是泰国归侨，又是英语老师，讲英语比较流利。黄大年经常向林老师请教，两人常用英语对话。每当同学们问黄大年英语成绩为什么这么优秀，他捡起班主任朱永昌老师的话说："笨鸟先飞嘛。"弄得大家哈哈大笑。

细心观察做实验

黄大年聪明好学，特别是对物理、化学科的学习兴趣更浓。附城高中的前身是贵县初中，也是原来的贵县中学，办学条件好，师资力量强。1970年撤销贵县高中和贵县初中以后，全县各乡镇(当时叫公社)都办起高中，因为新办的附城高中在城区，得天独厚，有大批骨干教师，又有充足的图书、仪器设备。凡是物理科、化学科的实验课，黄大年特别感兴趣。老师讲课做示范，他都细心观察，全神贯注。分组实验一定亲自动手，若不成功，一定重做。化学老师朱朝阳清楚地记得，在上到有机化学《甲醛》这章时，学生要分组进行银镜反应实验。黄大年所在的小组做不成功，他很失望懊恼，跑过来问老师为什么。朱朝阳老师说："失败不要灰心，失败才是成功之母。你们要检查在实验过程中是否遵守操作规程，一是试管要洗干净，不能马虎；二是用重铬酸钾来洗，试管不能往上倾斜，让重铬酸钾滴回头，腐蚀标签。”听了朱老师的话，他恍然大悟，信心倍增，带领小组同学重做实验，坚持做到成功才去吃饭。这些情景，朱朝阳老师记忆犹新。

有关“电子云”的知识，当时高中教材没有，可黄大年在地质队看到的一本资料上有一些相关的知识，引起他无穷的兴趣。有一天他找到朱朝阳老师给他讲解。朱老师没有责怪之意，反倒为黄大年的兴趣广泛、意识超前的精神所感动。朱老师用通俗的比喻简明扼要地给他讲解之后，他才很满意地离开。

“学农”劳动锻炼人

众所周知，在“文化大革命”期间，“学制要缩短、教育要革命、走出去向工农兵学习”，成为教育改革的大方向。所以，当时各中小学校除了在校内学文化之外，还要走出去“学工”“学农”。那时“学工”“学农”就是接受工人、贫下中农的忆苦思甜教育，参加社会活动和劳动锻炼，每班每周至少安排半天劳动课，分班轮流到学校农场劳作。每所中小学校都办有农场，称为“劳动实验基地”，面积有大有小，小的10多亩，大的几十亩，甚至超百亩。大圩高中校园面积800亩，农场基地就有600多亩。附城高中也有100多亩。学校办的农场，从实际出发，种植水稻、玉米、甘蔗、水果等农作物，还养猪种蔬菜，基本做到青菜自给，每星期杀猪加一次菜。

农忙季节，有时组织师生到附近农村劳动，支援农民搞春耕秋收、夏收夏种。或者组织师生到罗泊湾港口挑煤，帮助贵县钢化厂把外地运来的煤从火车上卸下的煤挑到指定的地方。师生的劳动强度还是挺大的。

1974 年 12 月，贵县县委、县政府响应“农业学大寨”的号召，动员组织全县干部和高中学生集中到附城乡东北大队参加半个月的“平整土地大会战”。农村高中的学生都在城区学校安营扎寨，每天早出晚归，各高中师生浩浩荡荡徒步行军，像奔赴战场打仗那样。有时天公不作美，中途下雨，天寒地冻，只好收队回校。当时，跟班带队的朱朝阳老师摸着班干部黄大年的头问：“苦不苦？累不累？”黄大年笑着回答：“学农劳动锻炼人，哪有不苦不累的。再苦再累，我也能挺得住！”

时间转眼过去了几十年，尽管当年教过黄大年的老校长谭福卿，两位班主任朱永昌、谭耀强已先后去世，然而黄大年在贵县附城高中读书成长的经历，平平凡凡的几件事，令人回味无穷。这不正是平凡孕育着伟大吗？

作者：黄家新，广西特级教师，曾任贵港市高级中学党总支书记、副校长。

朱朝阳，中学高级教师，曾在贵县附城高中、达开高中任教，后调到南宁市教育局装备办工作。

品学兼优的黄大年

李炎贞　冯振兴

杰出的科学家、时代楷模黄大年虽已离我们而去，但他的精神永存。他的高中老师和同班同学对他的英年早逝备感痛惜，共同回忆起与他相处的日子。四十多年过去了，那个脸上总是带着笑容，目光闪烁着睿智和坚韧，勤奋学习，开朗阳光的大男孩——黄大年给老师同学留下了深刻的印象，他在校园里点点滴滴的往事至今历历在目，令人难以忘怀。

上进心强　品德优良

黄大年从踏进高中的第一天开始就严格要求自己，积极要求进步。据当年分管学校团委工作的党支委冯振兴老师和担任学校团支委、该班团干的姜四梅同学回忆，当时班级里的团员不多，主动申请入团的人也很少，很多同学对共青团的认识还不足。但黄大年从入学开始就积极要求进步，主动靠拢团组织，自觉听团课，处处以共青团员的标准严格要求自己，多次提交入团申请书，暂时未被批准也不灰心。经过团组织的考验，终于在高二加入了共青团，实现了他的愿望。黄大年思想品德好，尊敬老师，严守校规，努力学习，因表现出色曾多次被评为优秀团员和三好学生，成为同学的表率。黄大年在高中阶段就有追求、有抱负，表现出与众不同的政治敏锐性和上进心。

当时黄大年就读的贵县附城高中，生源主要是县城周边的乡村农民子弟，也有小部分县武装部、当地驻军、部分机关单位和厂矿企业的子女，学生中大部分是农民子弟。出身知识分子家庭的黄大年没有看不起他们，而是与农村的同学打成一片，相处融洽。同学们都说："大年就像我们的亲兄弟一样。"他从这些同学的身上学到了勤俭朴素、吃苦耐劳、淳朴善良的优秀品质。

勤奋好学　成绩突出

1973 年至 1975 年正处于"文化大革命"的后期，教育大环境不佳，国家尚未恢复高考制度，"读书无用论"在社会上蔓延。学校里有不少学生无心向学，上课睡觉、不完成作业现象十分普遍。但黄大年不受这种不良风气的影响，他学习态度端正，刻苦钻研，听课专心，成绩优秀，各学科全面发展，在班上乃至全校都是比较突出的。他的同桌郑玉军说，刚进入高中时自己很不适应，缺乏学习的主动性，每天就是混日子，上课常常搞些小动作，或想逗黄大年说话，但黄大年不受干扰，每堂课都专心地听，认真做笔记，每次作业都完成得很好，大多数是满分。在黄大年的影响和帮助下，他也对学习上心了，有了进步。那时该校每周有一两次到农场基地劳动（农忙或上级有任务时除外），上午基本能按课程表上课，教学秩序相对正常。该校有较丰富的教学资源，有不少毕业于知名院校、来自文化发达省市的教师，他们的专业知识扎实，责任心强，学校整体的教学水平较高。而且，该校直接接管当地名校——贵县中学（初中部）的校舍、师资、教学设施等，办学条件在当地是屈指可数的。黄大年能在该校读书，对于好学勤学的他来说是幸运的，对他的成长是有利的。

黄大年对数理化有浓厚的兴趣，教过黄大年课的老师对他的印象特别深刻。物理科的黄泽民老师（广州人）和化学科的朱朝阳老师在办公室聊天时曾说过，黄大年这学生爱动脑子，求知欲强，学懂课本知识之后，还非常喜欢阅读科普书籍，遇到疑问时敢于请教老师，有一股打破砂锅问到底的韧劲，下课了还追着问问题，不弄懂绝不罢休。数学组的冯振兴老师说，他虽然只是短期代过这个班的课，但还清楚地记得，黄大年的数学作业格式、步骤、书写等都非常标准，就像课本中的例题一样，在班里特别突出。从那时起，黄大年热爱科学、投身科学的理想在心中萌芽，严谨的学习习惯开始养成。

当时学校开设英语课，黄大年对每周仅有的两节英语课格外珍惜，他狠下功夫，勤读勤背，进步神速，引起了英语老师朱永昌（上海人，曾担任该班班主任）的关注。许多年前他与同教研组的老师就说过，谈心时他曾问黄大年：“你为啥这么喜欢学英语？”黄大年思考了一下，回答：“我想学好英语，了解外面精彩的世界。”朱老师绝对没有想到，这看似开玩笑的回答若干年后竟成了现实，当年的学生黄大年被公派到英国深造，梦想成真了，不仅看到了外面精彩的世界，而且还用自己的智慧和创造力，为这个世界增添了更多的精彩，成为中外闻名、成就卓越的航空地球物理学家。

坐在黄大年前面的姜四梅同学回忆说，语文老师黄淑芬（驻军家属）很欣赏黄大年的作文，常常用他的作文做范文在班上讲评，讲评中指出他的作文有新意，语言生动，简洁流畅，字迹工整。同学们都很羡慕，姜同学还经常回过头来拿黄大年的作文仔细阅读学习，其他同学也争相传阅。

黄大年的同班同学说得最多的是，当别人在打闹玩耍时，黄大年总是充分利用时间，在一旁静静地学习。黄大年从中学时代起就养成自觉、主动学习的好习惯。有一件小事，22 班班主任李炎贞老师还记忆犹新。1974 年秋某日劳动休息时，22 班数学老师周景先在菜地旁边支起了一块小黑板，给同学们上课，内容是平面测量，为到东山大队平整土地测水田的高差和绘制平面图作准备。刚开始讲课，附近 21 班好几个学生也围了过来，颇有兴致地听课，其中就有神情专注的黄大年，好学的他决不会放过任何一个学习的机会。

黄大年担任班级学习委员时能配合老师，整顿班级的学风，学习上他是全班同学学习的榜样，但他从不骄傲自满，很乐意帮助同学解疑答难，并能带动班上的同学一起学习，共同进步。他通过两年高中的学习，学到了较为扎实的文化知识，为今后的成长打下了良好的基础。

吃苦耐劳　劳动积极

当年学校贯彻上级“开门办学”的指示，安排学生每周到基地“学农”一至两次。此外，还配合中心任务，多次到农村“三同”，和贫下中农同吃、同住、同劳动，参加“平整土地大会战”等。该校的劳动基地离校本部很远，面积有百多亩，种有水稻、甘蔗、玉米、红薯和蔬菜等，全部由师生管理，责任到班。每班都有一块水田，从插秧、耘田、施肥、收割到运晒稻谷，都是师生完成。这对于来自城市的黄大年来说既是挑战，也是很好的锻炼机会。他主动向农村同学请教，虚心学习，在实践中学会了许多农活。

李炎贞老师亲身经历并带领学生参加各项中心工作和基地的劳动，她深有感触地说，当年劳动基地最繁重最累人的工作是淘粪、运送肥料和甘蔗中耕。当时学校的简易厕所是两层木质结构，上层是蹲坑，下层是粪房，师生要亲自进入粪房淘大粪，里面又闷又臭，令人窒息，这苦差事不是每个学生都愿意去干的。黄大年的同班同学回忆说，大年和班团干部一起多次主动承担这项工作，不怕脏不怕臭，带领本班同学完成了淘粪积肥任务。运大粪到基地也是非常艰巨的活，路程远，粪肥重，靠肩挑人扛，且来回都是步行，空手走一个来回都要花上近两个小时，何况还要挑担。从未挑过担的黄大年每次送肥都参加，肩膀压肿了，脚迈不动了，咬着牙顽强地坚持到底。

此外，甘蔗中耕的劳动强度也很大，烈日酷暑，甘蔗长得差不多和人一般高，黄大年和同学们一道进入像蒸笼般的甘蔗地，除草、松土、施肥，手和脸常被蔗叶刮伤，又痛又痒，他全然不顾，埋头苦干，一待就是半天。黄大年虽是在城里长大的孩子，但他不娇气，积极参加各种劳动，主动要求干脏活累活，跟农村的同学一样干，起到共青团员和班干的模范带头作用。

1974 年黄大年所在班级接受任务，到边远贫困的东山大队蹲点，搞“三分一运动”，两名学生下一户，与社员“三同”(同吃、同住、同劳动)。白天劳动，晚上组织他们读报，学习方针政策。当时正值夏收夏种，农活繁重，早出晚归，中午没有休息。生活也十分艰苦，一日三餐基本是喝玉米粥和木薯粥，晚餐偶尔有干饭吃，菜只有青菜、南瓜和辣椒，这样的生活条件对正处于生长发育期的学生是一个严峻的考验。据朱朝阳老师回忆，他到各户了解学生情况时，看到黄大年精神饱满，不叫苦不喊累，户主还称赞他很勤快，主动做家务，劳动积极。这次黄大年也经起了考验，很好地完成了任务。

通过到基地劳动，到农村“三同”和参加各项中心工作等社会实践，黄大年开阔了视野，学到了在课堂上学不到的知识，培养了吃苦耐劳的精神，磨炼了意志和品质，学到了劳动技能，提高了独立工作的能力，收获甚丰，这段经历成为他人生的一笔宝贵财富。

热情阳光　爱好运动

高中时的黄大年是一个特别阳光、开朗、热爱运动的学生。

他的班主任说，黄大年能静能动，学习时专注认真，运动时热情活泼。他很重视锻炼身体，每天坚持绕着学校的鱼塘晨跑，从不偷懒。他最喜欢篮球这项运动，是班级篮球队队员，而且打得不错，第八节活动堂时常看到篮球场上他那矫健的身影。该校 22 班是文体班，面向全县招生，有一个篮球队，每天早操、下午都集中训练，常代表学校对外比赛。黄大年经常颇有兴致地观看球队的训练和比赛。21 班教室紧挨着文体班教室，男生宿舍和球队男生宿舍相邻，黄大年和球队的同学很投缘，常向他们请教，切磋球技，争取同场竞技的机会。球队的同学回忆说，黄大年他个子中等，身体结实，在球场上很灵活，跑得快，投篮准，后来被吸收为附城高中篮球队的队员。

千里之行，始于足下。当年的贵县附城高中是黄大年成长的摇篮，在那里他献身科学的理想开始萌芽，在那里他加入了共青团，学到了基础的文化知识，增添了社会实践的经历。在老师同学的眼里，黄大年是一个思想品德好，上进心强，好学善思，刻苦钻研，积极劳动，爱好体育，乐于助人，品学兼优，全面发展的优秀学生。

作者：李炎贞，广西特级教师，曾任贵县附城高中教师、贵港市达开高级中学副校长、贵港市教研室副主任。

冯振兴，中学高级教师，曾任贵县附城高中教师、党支部宣传委员，贵港市高中教务副主任。

黄大年的成长故事

沈京文　黄志诚选编

贵港市是黄大年读书成长的第二故乡。他 12 岁就跟随父母来到广西第六地质队，在贵县城区西郊第六地质队大院居住了 11 年。1970 年黄大年在西江农场场部小学（今达开小学）读四至五年级；1971 年 9 月到罗城县小长安公社广西地质局五七基地子弟学校读初中；1973 年 9 月进入贵县附城公社高中读高中；高中毕业后，又在第六地质队当了两年物探员。黄大年在贵县读书、工作、生活了 11 年，在这里度过了他美好而又艰辛的青少年时期，为他的成长奠定了坚实基础。贵港市留下了黄大年深深的印记和许多动人的故事。我们在踏访黄大年足迹的过程中，把听到的、看到的及媒体报道的有关黄大年成长的点点滴滴，选编成《黄大年的成长故事》。

（一）“小达尔文”

达尔文是英国博物学家、进化论的奠基人。他从小热爱科学，曾乘贝格尔号舰作了历时 5 年的环球航行，对动植物和地质结构进行了大量的观察、采集和研究，出版了《物种起源》这一划时代的著作，恩格斯将“进化论”列为19世纪自然科学的三大发明之一。

黄大年的挚友和玩伴司志刚回忆说，大年小时候在玩伴中有“小达尔文”之称，小小年纪就表现出小工程师的潜质。他爱琢磨，爱探索，对未知世界充满好奇心，并且敢想敢做，动手能力强，总能把想法变成实践。

记得读小学四年级时，有一天大年手里拿着几颗小口径步枪子弹跟我说：“我们做一把打子弹的枪吧。”我问他：“怎么做？”只见大年拿出一张他画的草图，有枪管、弹夹、撞针等部件，并且画图清晰。

我们一起到地质队大院的仓库里找零件，好不容易才把零件找齐，又经半天打磨组装，大年终于造出了一支枪。找了一个无人的地方试枪，第一次试枪，因撞针太长，撞穿了枪筒，没打响。大年又不断打磨完善，“嘭、嘭、嘭”连试三枪，引来了不少人围观。大年举起枪，跳跃着高喊：“我们成功了！”

司志刚说：“大年能够完成整个造枪过程，就是完成了一个产品的设计、画图、加工、组装的全过程，也是一颗科学的种子埋在心底的过程。大年小小年纪，就懂得画图造枪，说明他是颇有科学天赋的。”

不过司志刚表示，大年并不是一个只有科学天赋而不懂努力的人。“我认为，他今天能有科学上的成就，是三分天才加七分打拼的结果。大年从小就刻苦读书，孜孜不倦地努力，对未来充满信心。”

黄大年的弟弟黄大文回忆说："父亲对我们要求很严格，常在一些小事中锻炼大年和我的记忆能力和应变能力，经常给我们讲钱学森、李四光、邓稼先等科学家的故事。父亲说，每一位大科学家，从小都经历过艰苦的磨炼，树立远大志向，养成刻苦学习、自强不息的奋斗精神，才能成就伟大的业绩。中国的未来绝不能没有文化知识。你们不要受'读书无用论'之类奇谈怪论的影响，安下心来，珍惜时光，好好读书，长大才会有出息。父母的教诲，深深印在我们的脑海里，一直激励着我们成长。"

（二）"欧阳海"式好少年

黄大年儿时的玩伴和同学李忠贵回忆说，在二十世纪七十年代，贵县城区还比较小，七里桥一带很荒凉，交通不便，远离城区学校。第六地质队干部职工子女都要步行几公里，到附近的西江农场小学就读，途中还要跨过铁路，道路两旁都是种满甘蔗的西江农场蔗地，要时刻提防是否有毒蛇猛兽袭击。我和大年、志刚一起在西江农场小学读书，那时大年只有 12 岁，就干出两件令人震惊的大事。

第一件大事：机智勇敢"拦火车"。

那是 1970 年秋天的一个下午，西江农场小学刚放晚学，我和大年、志刚等四五人，有说有笑，追逐打闹着往第六地质队的方向跑。大年个头不高，却偏要欺负个头高的志刚，偷偷在后边袭击。志刚也不示弱，奋起直追。在即将靠近铁路时，大年来个急刹车，大喊：“危险！”众人顺着大年所指的方向望去，一辆满载甘蔗的拖拉机横趴在铁路轨道上。

看着一筹莫展的司机师傅，大年说：“我们奋力帮你推，看能不能行。”可是，拖拉机超载太多了，任凭大家怎么推，拖拉机纹丝不动。“呜——呜——”远处传来火车的鸣笛声。众人全慌了，不知如何是好。大年急忙脱下红领巾，拽在手上，飞快地朝着火车开来的方向跑去。“停车，停车，快停车，快停车……”大年摇着手中的红领巾边跑边喊。

火车越来越近，耳边响起刺耳的刹车声，火车在距离拖拉机30多米的地方刹停了。闻讯赶来的群众齐心合力，把拖拉机推过铁路道口。司机师傅千谢万谢。众人夸赞：黄大年机智勇敢，拦停了火车，才避免了重大事故的发生。

第二天早上，第六地质队大院食堂门口贴出一张大红纸，表扬“欧阳海”式的好少年黄大年。

第二件大事：临危不惧救同学。

李忠贵说起当年的往事，他总是十分动情地说：“大年是我的救命恩人，曾经把我从‘死神’手里抢回来。”他回忆道：“我们第六地质队大院就在七里桥附近。七里桥有条小河，河水清澈干净，大年经常同我们到河边游泳。有一天放学回来，雨过天晴，天气闷热，我们就先到河边游泳。突然河水上涨，我游着游着，就被冲到了桥洞口附近，眼看就要被漩涡淹没了，我拼命挣扎，呼喊救命。其他同学都吓呆了，不敢游过去救我。大年却毫不犹豫，奋不顾身游过来，从背后抱住我，拼命把我从漩涡中拖出来。两人在水中反复沉浮三四次，才挣扎着游到了岸边，其他同学赶紧帮忙，把我俩拖到岸上。几分钟后，缓过气来的大年说：‘好险啊！把我累死了，差点游不回来。’”

大年是一个特别讲感情、心里永远有别人的人，即使在危难之际，他想到的还是别人。

小学生是未成年人，我们不提倡不鼓励他们去干冒险的事。但黄大年小小年纪，就干出两件非常感人的事，说明他是一个有爱心的人、一个敢担当的人、一个干大事的人。

（三）“凿壁借风偷光”

高中毕业后，黄大年在广西第六地质队工作的两年间，做着普通的物探工作，整天在大山沟里，跋山涉水，风餐露宿。在旁人看来，这一生也许就这样隐没在乡野了。

然而据熟识黄大年的同事回忆，黄大年平时虽然不苟言大志，但却总是在工作实践中用一颗小小的心，铆定一个大大的目标，把自己的人生格局撑大，从而成就他日后在科学上的大写人生。

同学蔡琼回忆，当年她和黄大年在贵县附城高中读书，正处在“文化大革命”时期，没有高考升学希望，又受到“读书无用论”的影响，大家没有心思念书，但黄大年不为喧嚣所动，依然手不释卷，在知识的海洋里遨游。他当学习委员，不仅学习成绩优秀，而且爱好打球，经常与文体班的同学进行篮球赛，还代表学校篮球队参加全县中学生篮球赛，为学校争得了荣誉，也为他日后搞科研工作打下基础。

同学和队友司志刚回忆，1975 年 10 月，他和黄大年考入广西第六地质队，经过到柳州的培训学习，被派往三分队当物探操作员。搞地质工作很辛苦，做物探操作员更要有吃苦耐劳的精神。当时，仪器设备落后，工作流动性大，经常变换工作地点，搬家是常有的事。不管去到哪里工作，黄大年那装满大木箱的书就搬到哪里。他爱书如命，书是他的至宝，读书学习是他最快乐的事。不管白天工作多苦多累，晚上没有电灯，天热汗流浃背，蚊虫叮咬，他都坚持在煤油灯下读书学习。司志刚问他，现在连考大学的机会都没有，何苦那么用功？黄大年说："现在虽然取消高考，不能说以后不可以上大学。就算不上大学，也可以自修大学课程嘛。搞地探测量虽然辛苦，为国家找到矿藏是我的梦想，不认真读书学习，不掌握科学技术怎么行呢？"

第六地质队工程师郭桂年回忆：黄大年当年在地质队只是普普通通的物探操作员，但他从不把物探工作当作普通工作来对待，而是以科学的严谨精确标准来要求自己的工作。

"黄大年 18 岁那年，在六队'广西容县罗屋铁矿区'做物探操作员，这是一个电磁测量项目，主要对磁铁矿进行参数测定、计算、记录。"郭桂年说，磁秤仪对天气、温度敏感，容易造成数据误差。这是既要耐心又要细心的活，很多同志不愿意做，但黄大年很是痴迷。工作中，黄大年严谨细致，每天都要认真校正磁秤仪，确保测定格值的精准度，为找矿提供高质量的技术支撑。当时没有电脑，测定结果都靠手写，为了让测定结果更好服务于社会，对于手写的测定记录要求非常严格，必须要达到印刷体的标准。为了能在方格厘米纸上把字迹写得工整、美观，黄大年常常利用晚上业余时间，点燃煤油灯，用 2H 绘图铅笔在一个长方形的铝饭盒上，一遍一遍地反复练字，全然不顾脚下蚊虫的叮咬。

由于黄大年他们严格按照物探工作流程工作，每次检查组抽查他们的资料，结果总是一目了然，项目取得了较好的成果，探获了中型矿床一处。黄大年也获得了六队党委、革委会授予的“工业学大庆先进生产者”光荣称号。

队友司志刚还说，1977 年夏天，距离恢复高考的时间只有两个月，三分队在容县六堡矿区工作，不可能回贵县报名参加高考。几经周折，自治区地质局和教育厅同意黄大年在容县杨梅高中报考。当时，他和黄大年租住在农民的一间土坯房，这间土坯房是房东放柴草的，又矮又小，没有窗户，只有一扇门，既不通风，且又暗又热。黄大年灵机一动，拿起大铁锤，在正对房门口的墙上打了个大洞。房东大爷闻声赶来，责怪我们。黄大年笑嘻嘻地说：“大爷，这是我想出来的妙招，叫‘凿壁借风偷光’。大热天的，不通风透气怎么住呢？晚上我们还要看书学习，准备参加高考呢，等考上了大学，我们一定好好报答您老人家。”房东大爷听了黄大年的一席话，看到两个小青年这么勤奋，十分佩服，心中的怒火全消了，还答应把单车借给他俩骑。

功夫不负有心人。1977 年冬恢复高考，黄大年以优异成绩考入长春地质学院，圆了他的地球物理之梦！

（四）心中装满浓浓爱国情

北京是中国的首都，雄伟的天安门城楼和高高飘扬的五星红旗是祖国的象征。1978 年 2 月，黄大年在大舅和表姐陪同下，从贵县火车站出发，前往首都北京，再转车去吉林长春报到入学。在北京候车之时，他特意来到北京天安门广场，在天安门城楼和五星红旗下照相留影，把祖国永远记在心中。

长春地质学院（现吉林大学）是黄大年心目中的学术殿堂。报到入学那天，他站在学院门前，带着灿烂的微笑留影，对自己的前途命运充满信心。

1982 年大学本科毕业，他在毕业留念相册上写下豪言："振兴中华，乃我辈之责！"这刚健流畅的九个字，表达了黄大年的雄心壮志和对祖国的庄严承诺！

1992 年黄大年被选派到英国利兹大学攻读博士学位，临行之时他向母校的老师同学许诺："我一定好好学习，把国外的先进技术学回来！"

1996 年，黄大年这个中国年轻人刷新了历史——以排名第一的优异成绩，获得了地球物理学博士学位，成为利兹大学最优秀的毕业生之一，为祖国争得了荣誉。

1997 年黄大年进入英国 ARK 地球物理公司，任高级研究员、项目经理，成为接触该科技领域的少数华人之一。

2004年黄大年又进入英国ARKeX航空地球物理公司，任高级研究员、研发部主任。

2009年黄大年又进入英国某地球物理软件公司，任研发部主任。黄大年凭借自己坚实的科学知识、果敢的创新精神和超凡的管理能力，一步步登上科学技术的顶峰，成为世界著名地球物理学家、当代杰出战略科学家。黄大年是中国人民的骄子，祖国的骄傲！

《我爱你，中国》，这是黄大年最爱听、最爱唱的一首歌，每当听到或唱起这首歌，他总是热泪盈眶。人到中年，黄大年可谓功成名就，可他心中却仍有一种难以填补的失落。那其中，有“总把他乡作故乡”的惆怅，也有“万里长城家，一生唯报国”的豪情。

奋斗，是这一代人的梦想；报国，是这一代人的情结。2009年12月24日，大雪纷飞的平安夜，一位国际知名学者“作别西天的云彩”，从英国剑桥飞回祖国怀抱。他悄然踏进吉林大学地质宫，脚步声却震惊了整个世界。有外国媒体报道称：他的回国，让某国航母演习整个舰队后退100海里！他就是世界著名地球物理学家、当代杰出战略科学家黄大年。

心有大我，让他的行止有了山一样的巍峨；至诚报国，让他的胸怀有了海一样的辽阔。他以战略科学家的气魄，为国家地球深部探测技术运筹帷幄；他以教育家的身姿，为培养学生尽心尽责；他似一朵浪花撞击着梦想的礁石，又像炽热的熔岩冲出地壳，奔涌燃烧，光芒四射，直至生命的最后一刻。

回国7年，黄大年带领的科研团队取得一系列重大科研成果：地面电磁探测系统工程样机研制取得显著成果，为产业化和参与国际竞争奠定了基础。

固定翼无人机航磁探测系统工程样机研制成功，填补了国内无人机大面积探测的技术空白。

国内首台万米大陆科学钻探钻机“地壳一号”研发成功，中国成为继俄罗斯、德国之后第三个拥有这项装备和技术的国家。

建成首个国家“深部探测关键仪器装备野外实验与示范基地”，为我国深部探测技术研发奠定了基础。

“竭尽全力、鞠躬尽瘁、不计得失。从海漂到海归，得益于祖国强大的后盾。只要大家努力和坚持，一定能实现强国梦……青春无悔、中年无怨、到老无憾”。这是黄大年在他的微信朋友圈中写下的一段留言。

中国科协副主席、清华大学副校长、“千人计划”特聘专家施一公这样评价黄大年：“他是最单纯的赤胆忠心的海归科学家，单纯到为了祖国和科学事业的发展从不计较个人得失，倾注全部精力。他是一代人的楷模，是中国知识分子的楷模，他的崇高精神感染激励的是一个领域、一批学子、一代人。”

（五）点燃黄大年心中的“太阳”

——黄大年在附城高中的日子

1977 年前，附城高中（今港北高中）有一个面积 100 多亩的分校，地点就在现港北高中的校址上。这个分校是附城高中供学生分批轮流进行劳动实践的一个“学工”“学农”基地。分校虽简陋，但配套还是齐全的，尤其是“学工”“学农”的设施，可以说就相当于“小农场”或“小工厂”。

分校的农场，种有水稻、玉米、甘蔗、蔬菜等农作物，还有一个100多头猪的养猪场，是一个立体、循环种养的教学基地。

当时农村正在大力推广和普及使用沼气，附高分校在这方面的条件可以说是得天独厚的，自然就成为当时贵县推广、普及和使用沼气的示范点。

黄大年和老师同学们一起，参加了建设沼气池的劳动。大家都觉得这事挺新鲜的，挖坑、开渠，搬砖、运沙石、抬水泥，干得热火朝天。黄大年在建沼气池的过程中不仅仅是参加劳动，他还揣摩沼气池的结构和原理，经常向化学老师朱朝阳请教，朱老师给这个喜欢刨根问底的学生很详细地讲解了沼气池的结构和原理，还讲了沼气的用途和使用方法。黄大年还到学校图书室查阅了不少沼气池设计、施工和沼气使用方面的资料。

一个星期天，黄大年与几个同学到已使用了沼气的城郊农村考察沼气使用的情况，有户人家说：这沼气是好用，但是有时气多了用不完，特殊情况又不够用，比如今天来了几个客人，要炒多几个菜，这时候就不敢用沼气来炒菜，生怕菜没炒完沼气就没了，气停了，至少要四五个小时后才可以继续用，如果遇到天寒地冻的时候，等一天都没有气，感觉很不方便。在场的其他家里使用了沼气的人也有同感。

回来后，黄大年一直在琢磨如何解决这个问题。几天后，黄大年向朱朝阳老师谈了自己解决这个问题的想法：沼气用不完的时候，将沼气储存在密封的塑料或橡胶袋里，气不够用时，用重物压在塑料或橡胶袋上面把沼气压出来使用，这样问题就可以得到缓解了。朱老师心里很欣赏这个爱动脑子的学生，说："这是个好办法，很有创意！"还和黄大年讨论具体的设计方案，他们讨论的设计方案中还充分考虑了材料和安全方面的问题，经过朱老师的点拨，黄大年的创新思维得到了升华。

学校的沼气池成功产气了！白天用来煮饭，晚上用来照明，朱老师挂好了沼气灯，准备点亮沼气灯的时候，黄大年激动地说："老师，让我来点！"随着火柴"嗤"的一声响，灯亮了！照亮了整个屋子，照亮了每一张笑脸，也照亮了每一颗心，更点燃了黄大年心中的"太阳"！（口述：司志刚，文：覃世强）

作者：沈京文，曾任贵县教育局长、县级贵港市教委主任、地级贵港市教育局副局长、贵港市政协文史委主任。

黄志诚，曾任县级贵港市教委副主任，覃塘区教育局局长、党委书记。

当年互赠小诗两首

送大年去长春地院上学留念

关瑞清

黄金时代在青春，
大好形势钻科文。
年华切记要珍惜，
学好本领为人民。

作于 1978 年 2 月 10 日

答谢关瑞清老师诗一首

黄大年

忆昔竹棚勤读书，
今别重嘱莫虚度。
此去长院钻科文，
诲教常吟不辜负。

作于 1978 年 2 月 10 日

注释：

1. 长春地院：即长春地质学院，现吉林大学。

为大年回国喜赋

关瑞清

几十年未见，今接电方知大年早从英伦回归为国服务，甚喜，特赋诗一首相赠：

记得当年在石窝，送君赴校致道贺。
互赠小诗表爱意，难忘好事却多磨。
留学成才为报国，回归用智奏凯歌。
展望神州定更好，大年献计莫蹉跎。

作于 2013 年 11 月 25 日

注释：

1. 石窝：北流市石窝镇。

作者：关瑞清，广西第六地质队工程师、技术负责人。

缅怀好兄弟黄大年

司志刚

晴天霹雳传噩耗，国失精英我失友。
自幼相伴缘分深，噩耗传来惊与悲。
君怀悠悠赤子心，不忘殷殷报国情。
苟利国家生死以，岂因祸福避趋之。
不贪国外富与贵，只为心中“中国梦”。
一个只做不说的光荣梦、强国梦。
好兄弟，我懂你！
壮志未酬身先逝，长使英雄泪满襟。
五十八年春秋短，轰轰烈烈不平凡。
同学们为你骄傲！
兄弟们为你自豪！
天堂之路请走好！

作于 2017 年 1 月 10 日

作者：司志刚，广西第六地质队职工，黄大年的同学和队友。

心有大我　至诚报国

—— 贵港弘扬黄大年精神行动记事

覃世强

2017 年 1 月 8 日 13 时 38 分，广西人民的好儿子黄大年因病不幸逝世，噩耗传来，南国大地山峰掩脸、河水呜咽。

壮乡人民为失去自己的优秀儿子、著名地球物理学家、国家"千人计划"专家、吉林大学地球探测科学与技术学院教授、当今中国不可多得的战略科学家黄大年深感痛惜。

贵港市是黄大年的第二故乡，是他读书成长的地方。他的父母在贵港生活、工作了十一年，黄大年这十一年也与贵港结下了不解之缘，尤其是他高中完整地在贵县附城公社高中(今港北高中)就读，这是最令黄大年难以忘怀的一段时光，这里的老师、同学、乡亲、朋友和一山一水、一草一木都是他一生的至爱和永恒的眷恋。这片土地上的人民深切缅怀黄大年，决心踏着黄大年的足迹砥砺前行。

2017 年 5 月 24 日，中共中央总书记、国家主席、中央军委主席习近平对黄大年同志先进事迹作出重要指示：黄大年同志秉持科技报国理想，把为祖国富强、民族振兴、人民幸福贡献力量作为毕生追求，为我国教育科研事业作出了突出贡献，他的先进事迹感人肺腑。我们要以黄大年同志为榜样，学习他心有大我、至诚报国的爱国情怀，学习他教书育人、敢为人先的敬业精神，学习他淡泊名利、甘于奉献的高尚情操，把爱国之情、报国之志融入祖国改革发展的伟大事业之中、融入人民创造历史的伟大奋斗之中，从自己做起，从本职岗位做起，为实现“两个一百年”奋斗目标、实现中华民族伟大复兴的中国梦贡献智慧和力量。

神州大地贯彻习近平总书记的重要指示精神，学习黄大年先进事迹、弘扬黄大年精神的热潮迅速掀起。

2017 年 5 月 26 日，中共中央宣传部追授黄大年“时代楷模”荣誉称号。

2017 年 7 月 23 日，中共中央追授黄大年“全国优秀共产党员”称号。

2017 年 9 月 10 日教师节，黄大年被评为“2017 年度全国最美教师”。

2017 年 10 月，中央电视台 6 集电视剧《黄大年》在党的十九大召开前夕播出。

2017 年 6 月以来，新华社连续发表评论员文章，七论黄大年精神。

……

南国上下，郁江两岸，学习黄大年先进事迹，弘扬黄大年精神的春风扑面而来。

2017 年 6 月 12 日，《贵港日报》记者张日芳到港北高中查阅黄大年资料，学校方知黄大年是校友。原来一粒“中国梦”的种子是在这里发芽，心有大我、至诚报国的爱国情怀从这里启航！

2017年8月25日，在港北区教育局召开的开学工作会议上，教育局党组书记、局长徐伯洲号召全区中小学校开学后迅速开展宣传和学习黄大年先进事迹活动，以实际行动贯彻习近平总书记重要指示精神。

2017年8月29日，港北高中邀请《贵港日报》记者张日芳给全体教师宣讲黄大年先进事迹，张日芳记者激情满怀地将黄大年的先进事迹和盘托出、娓娓道来，全体教师感慨万分，脑海中闪出的文字就成了一篇篇学习心得。

2017年9月10日教师节，港北高中隆重邀请黄大年的弟弟黄大文和黄大年的同学蔡琼、吴月红等到校给全体师生宣讲黄大年先进事迹。宣讲会上，他们的发言中深情地表露了与黄大年难忘的亲情、友情、同学情，追忆了与黄大年共同成长的故事，对黄大年勤奋读书、努力拼搏、坚忍不拔的精神印象犹深，更为兄长、学友建立的丰功伟绩感到无比骄傲，黄大年“心有大我、至诚报国”的精神更令他们无比钦佩，是他们永远的学习榜样。宣讲会上他们还与学生亲切互动，此情此景，全体师生深受感染、群情振奋，为祖国努力学习、为民族建功立业的理想信念更加明确、更加坚定，一粒粒“中国梦”的种子又将在这里发芽！

贵港市电视台、《贵港日报》对这次成功的宣讲会都在第一时间给予报道，引起了强烈的社会反响，犹如春风吹入千家万户，黄大年的先进事迹迅速家喻户晓、深入人心，有识之士皆有

“生子当如黄大年”的感慨。

2017 年 9 月 15 日，《贵港教育筑梦人》主编沈京文等人到港北高中搜集黄大年相关资料编入该书，进一步加大宣传黄大年先进事迹和弘扬黄大年精神的力度。

2017 年 9 月 29 日，港北高中决定以习近平总书记对黄大年同志先进事迹重要指示中的“心有大我、至诚报国”八个大字作为港北高中的校训，将黄大年精神作为港北高中的校魂。把黄大年的爱国之情、报国之志融入港北高中的校园文化之中，努力营造催人奋进的育人环境，为学生的成长指引方向。

2017 年 10 月，作为向党的十九大献礼的《贵港教育筑梦人》一书出版，习近平总书记对学习黄大年同志先进事迹作出重要指示的内容编排在书中最重要的位置，该书还刊登了黄大年先进事迹的长篇报道文章，收录了十多幅黄大年在港北高中学习生活的相关图片。把黄大年的事迹和精神史诗般的记录下来，留存下去，永远激励贵港的莘莘学子奋发向上，至诚报国。

2017 年 10 月党的十九大召开前夕，港北高中迎来了一大盛事，中央电视台六集电视剧《黄大年》播出，这是港北高中师生的骄傲，也是港北人民、贵港人民的骄傲！港北高中不失时机地组织师生收看，全区、全市许多学校也组织师生收看，千家万户都争相收看，黄大年先进事迹的故事成为人们交谈的主题。

港北高中团委组织了电视剧《黄大年》观后感评选活动，校刊《清雅》分期刊登了观后感优秀作品。年青学子在这一活动中纷纷表达了自己的爱国情怀和报国理想，黄大年精神鼓舞他们励志前行。

2017 年 10 月 15 日，曾和黄大年在广西第六地质队工作过的港北高中校友司志刚、蔡琼等人回母校港北高中访问，旧地重游，感慨万千，与母校港北高中商定共同组织原附城高中 1975 届校友回母校聚会，一起发掘黄大年高中阶段勤奋读书、努力拼搏的故事，为母校将来建设黄大年纪念馆搜集素材。

2017 年 11 月 18 日，原附城高中 1975 届校友 120 多人，在告别母校 42 年之后，再次相聚母校。在港北高中隆重举办的缅怀校友黄大年和学习黄大年先进事迹的聚会上与港北高中 3200 多名师生一起，共同学习黄大年先进事迹、弘扬黄大年精神。当校友们追忆起与黄大年同窗共读那段峥嵘岁月的时候，个个热泪盈眶、百感交集，那不能自已的诉说，将师生穿越时空般的带到 20 世纪 70 年代，大家仿佛看到了热情奔放、充满活力的青年黄大年，看到了黄大年勤奋学习、砥砺拼搏的身影，看到了黄大年“心有大我、至诚报国的爱国情怀”形成中的串串足迹和坚定步伐。

2017 年 11 月，港北区常务副区长杨燕忠、副区长杨曦提议在港北高中建设黄大年纪念馆，该提议得到港北区委书记玉彤和区长黄英梅的大力支持，要求港北高中马上做好搜集黄大年纪念馆资料的工作。喜讯传来，港北高中全体师生欣喜若狂、奔走相告，这就是英雄、楷模在我们心中的分量！

2017 年 12 月 28 日—2018 年 1 月 25 日，黄大年入选 2017 年“感动中国人物”候选人，港北高中与吉林大学同时倡议师生及各界人士为黄大年投票并积极宣传黄大年精神。更多的人为黄大年精神所感动，更多的人为黄大年投票，由此产生的叠加效应，像长江、黄河的波涛澎湃向前，黄大年精神更加深入人心。

2017 年 12 月 29 日，为落实港北区委、区政府建设黄大年纪念馆的精神，港北高中领导与黄大文来到南宁市园湖路小学，参观该校的黄大年同志先进事迹教育基地。他们努力寻访黄大年成长中的足迹，挖掘更多的素材，千方百计把港北高中黄大年纪念馆建得更好，决不辜负港北区人民的殷切期望。

2018 年 1 月 12 日，港北高中起草了“港北高中黄大年科技创新教育基地”建设方案，即“十二个一”方案。一条校训 :“心有大我，至诚报国”即在其中。“十二个一”具体是 :1. 一个黄大年广场; 2. 一尊雕像; 3. 一幢大年科技楼; 4. 一个纪念馆; 5. 一条科技探索长廊; 6. 一条校训，一首校歌，一种文化; 7. 一部话剧，一本书，一串励志故事; 8. 一间创客实验室; 9. 一系列主题教育课; 10. 一条创新人才共建路; 11. 一个“黄大年党支部”，一个“黄大年团支部”，一个“黄大年班”; 12. 一个黄大年教育基金。“十二个一”方案，将育人理念化为具体的行动载体，弘扬黄大年精神，学习黄大年先进事迹就更显成效，其深度和广度就向更深的层次拓展，校园文化的内涵就更加深刻与丰富，一个催人奋进的育人环境将不断优化。

2018 年 1 月 20 日，吉林大学地探学院党委书记高淑贞到南宁召开吉林大学校友缅怀黄大年、学习黄大年精神座谈会。得此消息，港北高中覃秋明校长和顾全坚副校长不失时机地赶赴南宁与高淑贞书记会面，表达了与吉林大学共同传承黄大年精神和共建“黄大年科技创新教育基地”的愿望，高书记非常支持，当即邀请他们和港北区领导在合适的时候到吉林大学具体商谈。这个机会让港北高中迈出了与全国名牌大学协同育人的第一步。这是巧缘？不，是黄大年精神让港北高中和吉林大学走到了一起。

2018 年 1 月 22 日，贵港市委宣传部部长黄卫平到港北高中考察“黄大年科技创新教育基地”建设情况，黄卫平部长要求港北高中“黄大年科技创新教育基地”的建设，要把培养学生科学探究精神和爱国主义教育融为一体，将知识能力的培养和思想政治教育融为一体，做到心中有信仰，行动有力量，知行合一，为新时代精心培育优秀人才。

2018 年 2 月 6 日，港北区区长黄英梅联合其他人大代表分别向自治区及贵港市人大会递交议案，提议建设港北高中“黄大年科技创新教育基地”。自治区人大会把该议案交由教育厅主办，科技厅、财政厅、贵港市政府协办。港北高中“黄大年科技创新教育基地”的建设从此在更高的层面上推进。

2018 年 2 月 6 日，港北高中校长覃秋明带领港北高中话剧《少年黄大年》剧组成员到南宁采访正在南宁拍摄电影《黄大年》的剧组，与饰演黄大年的主演张秋歌及导演共同追忆黄大年的故事。这次采访既是去感受场面，也是取经学艺，为的是从更高的视角去理解黄大年，做到演员与角色的融合，体会人物，表现人物，演好少年黄大年。有志者事竟成，这部能高度体现港北高中校魂的话剧《少年黄大年》一定能打造成功，早日上演并永久地保留下去，成为港北高中校园文化中的一盏永放光彩的明灯，永远激励青少年奋发向上，为国争光！

2018 年 3 月 14 日，广西高校工委副书记覃萍到贵港市检查开学工作，表示一定要到黄大年的母校看看，在港北区副区长杨曦的陪同下到港北高中视察指导。她对港北高中的各项工作感到满意，尤其是对港北高中在弘扬黄大年精神方面所做的努力和所取得的成绩表示赞赏，并表示大力支持港北高中“黄大年科技创新教育基地”的建设。

2018 年 3 月 16 日，广西教育厅宣传部部长赵益真、高教处处长李美清等一行 8 人到港北高中调研，对港北高中在弘扬黄大年精神方面所取得的初步成果给予充分的肯定，并表示对港北高中“黄大年科技创新教育基地”的建设给予大力支持。

2018 年 3 月 21 日，港北高中与贵港市科技局就建设“黄大年科技创新教育基地”中的一个项目——“科技探索长廊”的方案进行探讨，决定向自治区科技厅申报一个自治区级的科技创新项目，以此推进港北高中“科技探索长廊”的建设。

2018 年 4 月 29 日，原附城高中 1984 届校友 90 多人回到母校港北高中，举行缅怀黄大年、弘扬黄大年精神座谈会，还把电视台的采访记者也“拉”来了。为弘扬黄大年精神贡献自己的一份力量，已成为港北高中历届校友的共同心愿。

2018 年 5 月 22—26 日，港北区副区长杨曦率领的由港北区政府办公室副主任陈莉、区教育局副局长谭国业以及港北高中校长覃秋明等人组成的黄大年家乡和母校代表团赴吉林大学，参加吉林大学主办的“贯彻落实习近平总书记重要指示，继承弘扬黄大年精神”座谈会。杨曦副区长作为黄大年家乡代表的发言感动了所有的人，引起了吉林大学与会领导的共鸣，增进和加深了港北人民与吉林大学的关系，为双方协同育人打下更坚实的基础。吉林大学党委书记杨振斌表示，港北高中以黄大年精神“心有大我、至诚报国”为校训令人感动；吉林大学校长李元元指出，港北高中建设“黄大年科技创新教育基地”的“十二个一”的方案既有教育性，又有实用性，并表示要到港北高中考察。座谈会期间，吉林大学党委书记杨振斌会见港北区代表团全体成员，并与他们合影留念。座谈会还举行了“吉林大学与港北高中共建育人基地授牌仪式”。授牌仪式上，吉林大学招生办公室副主任戴继周授予港北高中“吉林大学优秀生源基地”牌匾；吉林大学国内合作处副处长张涛授予港北高中“黄大年协同育人基地”牌匾。港北高中在教育合作上有了更高的平台，开拓了发展的新局面。

2018 年 6 月 4 日，港北区委书记玉彤、港北区常务副区长杨燕忠、区委组织部部长杨伟志、副区长杨曦到港北高中督查“港北高中黄大年纪念馆”筹建进度。玉彤书记指示，建设“港北高中黄大年纪念馆”是贯彻落实习近平总书记重要指示精神的大事，也是港北区人民翘首以盼的大事，必须加快建设黄大年纪念馆的进度，整个工程项目务必在 9 月初完成。

黄大年纪念馆建设进程提速。

2018 年 6 月 10 日，港北高中确定了黄大年纪念馆设计的最后方案。

2018年6月12日，港北高中决定，把《我和我的祖国》定为港北高中校歌，新组建的学校合唱队即日起开展校歌合唱训练。

2018年6月16日，港北高中申报广西哲学社会科学研究课题——《港北高中黄大年纪念馆的策划和设计研究》，港北区委宣传部部长吴华勇、副区长杨曦以课题主要参与者身份参与研究。

2018年6月17日，港北高中黄大年纪念馆正式动工。

为了深入开展国务院领导批示的、交由中国科协具体实施的国家重大项目《中国科协老科学家学术成长资料采集工程》的工作，2018年7月1日，吉林大学地探学院党委书记高淑贞、吉林大学宣传部成员刘飒和冯世博、吉林大学档案馆成员鲁达志等人到贵港采集黄大年学术成长资料。这期间，在港北区副区长杨曦的陪同下到港北高中采集黄大年的成长资料，与黄大年高中的校友交流、座谈，详尽地了解黄大年高中阶段读书成长的情况，还与港北高中的学生代表座谈，高淑贞书记给大家讲了许多黄大年在吉林大学读书时的故事，勉励同学们以黄大年为榜样，刻苦学习，早日成才，报效祖国。吉林大学采集黄大年学术成长资料，对港北高中培养人才的教育研究有很大的启迪作用。

2018年7月3日，港北高中校长覃秋明和两位教师赴容县杨梅镇，探访黄大年1977年在第六地质队工作时到杨梅镇开展探测工作期间的住户房东，了解当年黄大年在生活、工作和学习各方面的经历。老房东对黄大年积极工作、刻苦学习印象非常深刻，对黄大年尊老爱幼、助人为乐的优良品德更是赞不绝口，他对黄大年的英年早逝深感痛惜，说：“这娃可惜了，如果健健康康的还可以为国家做多少大事啊！”老人噙着眼泪指着一辆很老旧的、文物级别的自行车，说：“大年这娃当年在容县工作为了赶时间还经常用这辆自行车呢！大年和我们就像一家人，这车是谁有急事谁先用。”老人听说学校要建黄大年纪念馆，需要收集黄大年用过的物品时就说：“这自行车和屋里很多东西黄大年都用过，你们看哪件合适只管拿！”覃秋明校长不好意思多拿，只拿了那辆旧自行车和几件生活小用品，并给老人 500 元钱，老人坚决不收，说：“这几件破旧东西值不了几个钱，就算我给黄大年纪念馆做点贡献吧！”覃校长恳切地说：“不要不行，这个我们是有规定的，就当是大年的一点心意吧！”几次推让之后，老人才勉强收下了，多淳朴的人啊！是他们和黄大年等无数为国家做出奉献的人一同撑起了共和国的脊梁。

2018 年 7 月 5 日，贵港市人大常委会副主任刘新玲带领市教育局、市发改委、市科技局，港北区人大的领导到港北高中督办人大代表建议——建设“黄大年科技创新教育基地”工作的执行情况，要求相关主办及协办单位通力合作，落实好自治区人大会交办的人大代表议案。

2018 年 7 月 6 日，港北高中 2018 届毕业生高考一个月后回校参加毕业典礼，这是他们高中阶段的最后一课，也是最难忘的一课，在黄大年母校读书的日子将永远是他们最美的记忆，师兄黄大年是他们一生的光辉榜样，黄大年精神永远激励他们砥砺前行，他们决心“做黄大年那样的人，干黄大年那样的事”，为祖国奉献自己毕生的力量。

2018 年 8 月 10 日，港北高中黄大年纪念馆竣工验收。这是贵港人民的一件大喜事。

纪念馆刚竣工，建设黄大年广场的各项工作也紧锣密鼓地推进。

2018 年 8 月 31 日，港北高中黄大年广场规划设计方案评审会在港北高中召开，港北区政府常务副区长杨燕忠、副区长杨曦参加会议，评审组专家有广西博物馆副馆长潘汁、广西大学土木建筑学院副教授赵冶，与会专家领导对设计方案进行了认真的评审，提出了许多科学的、合理的修改意见，使方案更臻完善、更体现人文精神。

2018 年 9 月 10 日教师节，港北区委书记玉彤在副区长杨曦的陪同下到港北高中慰问教师，和教师们谈工作、谈生活、谈理想，谈学校发展，谈校友黄大年，号召全体教师勇当学习黄大年的模范，从自己做起，从本职岗位做起，为教育事业作出贡献。玉彤书记还与教师们一起参观了港北高中黄大年纪念馆，对纪念馆的建设感到非常满意，同时指示要加快和完善黄大年科技创新教育基地的建设，提出为学校征地 100 亩，解决港北高中发展的用地问题，让港北高中的建设与发展进入了快车道。

2018 年 9 月 18 日，贵港市隆重举行“黄大年同志事迹展馆”(建于广西第六地质队队部)揭牌仪式。贵港市委书记李新元、贵港市市长农融、广西地质矿产勘查开发局党组副书记、副局长战明国、广西第六地质队队长雷英凭以及黄大年的弟弟黄大文共同为展馆揭牌。该展馆由贵港市和广西地质矿产勘查开发局共建。广西第六地质队是黄大年父母工作过的单位，也是黄大年第一个工作单位，是黄大年事业起步的地方。

2018 年 9 月 21 日，港北高中申报广西当代艺术创作工程三年规划重点项目——话剧《少年黄大年》，港北区委宣传部部长吴华勇、副区长杨曦作为项目的主创人员带领学校老师参与创作，并邀请吉林大学话剧《黄大年》的主创人员参与创作和指导。

2018 年 9 月 30 日，贵港市民主促进会主委吕桂聪与民进会 10 多名委员参观了港北高中黄大年纪念馆。各民主党派都关注黄大年纪念馆的建设和发展。

2018 年 10 月 8 日下午 3 点，港北高中黄大年纪念馆揭牌。贵港市教育局副局长黄伟然、港北区委宣传部部长吴华勇、副区长杨曦、港北区教育局局长徐伯洲、各乡镇和有关部门的领导、黄大年的弟弟黄大文、黄大年的高中校友、全区各中小学的校长和港北高中全体师生共 3800 多人参加揭牌仪式。桂林理工大学领导也出席揭牌仪式，并向港北高中授予“优质生源基地”牌匾。

黑龙江电视台与中国少年儿童文化艺术基金会，联合制作大型礼赞英雄励志节目《致敬英雄——黄大年专辑》栏目组的制作人员也参加了港北高中黄大年纪念馆揭牌仪式，并采集校园镜头。

2018 年 10 月 10 日，北海市银海区组织部考察团一行 50 余人到港北高中参观黄大年纪念馆，认为港北高中黄大年纪念馆是一个很好的爱国主义教育基地，比较完整地展现了黄大年的成长历程和他一生的丰功伟绩，所有的内容都令人感动。表示今后要组织更多的党员来这里参观学习。

2018 年 10 月 13 日，广西高校工委副书记满昌学、教育厅基教处处长罗索在贵港市教育局局长余铖武、港北区副区长杨曦陪同下，到港北高中参观黄大年纪念馆，他们表示要大力支持港北高中黄大年科技创新教育基地的建设，把它办成群众满意的有特色的示范性科技创新教育基地。

2018 年 10 月 15 日，港北区委组织部、宣传部下文在全区开展“弘扬爱国主义精神，凝聚干事创业力量”主题党日活动，要求港北区各机关、事业单位党支部组织党员参观港北高中黄大年纪念馆，通过参观学习，弘扬爱国主义精神，凝聚创业力量。据港北高中黄大年纪念馆的统计信息，截至 11 月 9 日，前来参观学习的各机关单位、中小学、社区的党员和群众已超过 5000 多人次。参观学习的党员、干部和群众都表示，一定要以黄大年为榜样，学习他的爱国精神，做好自己的本职工作 。一位女党员说：“黄大年放弃英国优厚的待遇回到祖国，报效祖国，做出那么大的贡献，他的爱国情怀令人感动，我从心底里钦佩他。我要以黄大年为榜样，为民族复兴做出自己的贡献。”

2018 年 10 月 25 日，港南区委组织部党支部在姚幼梅部长的带领下，参观了港北高中黄大年纪念馆。参观后称赞纪念馆办得好，非常感人，让人深受教育。并表示要号召港南区的广大党员多到港北高中黄大年纪念馆参观学习。

2018 年 10 月 26 日，吉林大学创作的话剧《黄大年》在江苏淮安参加“共和国的脊梁——科学大师名校宣传工程”全国汇演，港北高中校长覃秋明等人在江苏淮安汇演期间与吉林大学话剧主创人员商谈港北高中话剧《少年黄大年》的创作事宜，共同精心打造好话剧《少年黄大年》。

2018 年 11 月 7 日，市委宣传部陶庆斌副部长带领专家组来到港北高中，对港北高中申报贵港市爱国主义教育基地进行实地考评。期间参观了港北高中黄大年纪念馆，对港北高中黄大年纪念馆的建设与管理给予高度的评价和充分的肯定。同时希望港北高中早日办成市一级的爱国主义教育基地，为全市人民，尤其是青少年提供一个理想的爱国主义教育的好场所 。

2018 年 11 月 12 日，自治区关工委副主任宋家浩在贵港市关工委主任廖毅民和港北区委组织部部长杨伟志的陪同下参观了港北高中黄大年纪念馆。他们认为办好黄大年纪念馆是影响千秋万代的大事，一定要不断地把它建设得更好、更有特色，让青少年得到更好的教育。

为了让广大青少年和人民群众更好地了解和学习黄大年的先进事迹、弘扬黄大年精神，港北高中组织教育战线的老局长、老校长从 2018 年 6 月丌始，踏访黄大年的成长印记，编写《时代楷模黄大年》一书，港北区副区长杨曦为该书撰写开篇辞，由原贵港市教育局副局长和贵港市政协文史委主任沈京文担任主编，该书 2018 年 12 月出版发行，与读者见面。

吉林大学地球探测科学与技术学院党委书记高淑贞在百忙中

特意为《时代楷模黄大年》一书撰写了《黄大年的育人情结》一文，这是给黄大年家乡的人民送来的美好祝福，也是吉林大学对壮乡人民的浓浓情意。

……

黄大年精神激励我们砥砺前行！

担当、奉献，

拼搏、追求，

智慧、创新——

是我们奋斗的足迹！

我们每一步，

都是——

为了祖国富强和人民幸福，

为了实现中华民族伟大复兴的中国梦！

我们的故事还在延续，精彩纷呈……

未来演绎的将会是更加峥嵘和璀璨的篇章！

作者：覃世强，曾任港北区大圩一中党支部书记、校长，现任贵港市弘勤文化研究会副会长兼秘书长。

漫山红遍

——贵港市港南区中小学学习黄大年侧记

谭创宇　梁永和

黄大年是从贵港市读书成长走出去的世界著名地球物理学家、当代杰出战略科学家，是习近平总书记亲自点赞的时代楷模。这是贵港教育和贵港人民的骄傲！他虽然离开我们一年多了，但是他的崇高精神永远激励我们砥砺奋进。

2017 年 5 月，中宣部向全社会公布“践行社会主义核心价值观的优秀知识分子”黄大年的先进事迹，追授黄大年同志“时代楷模”荣誉称号。中共中央总书记、国家主席、中央军委主席习近平对黄大年同志先进事迹作出重要指示：黄大年同志秉持科技报国理想，把为祖国富强、民族振兴、人民幸福贡献力量作为毕生追求，为我国教育科研事业作出了突出贡献，他的先进事迹感人肺腑。我们要以黄大年同志为榜样，学习他心有大我、至诚报国的爱国情怀，学习他教书育人、敢为人先的敬业精神，学习他淡泊名利、甘于奉献的高尚情操，把爱国之情、报国之志融入祖国改革发展的伟大事业之中、融入人民创造历史的伟大奋斗之中，从自己做起，从本职岗位做起，为实现“两个一百年”奋斗目标、实现中华民族伟大复兴的中国梦贡献智慧和力量。习近平总书记的重要指示，不仅是对黄大年同志的先进事迹和崇高精神的高度评价，也是对广大知识分子的关怀与厚爱、期待与重托，在全社会引起了强烈反响。黄大年曾在贵县读书、工作 10 多年，为他的成长奠定了基础。他的先进事迹和崇高精神，对贵港市教育战线的广大师生触动更大，影响更深。

在这一年多的时间里，我们港南区“关工委”同教育局密切配合，共同抓好学习贯彻习近平总书记的重要指示、学习黄大年崇高精神的工作。与此同时，还与学习习近平总书记在全国教育大会上的重要讲话紧密结合起来，以“立德树人”铸造教育之魂。我们主要做了几项工作：

（一）把学习黄大年精神列为党建教育课的重要内容

以各校党支部为主导，以党课为主要形式，在党员教师中认真宣讲学习黄大年的先进事迹和崇高精神。港南中学党支部书记、校长陈启勇带头学习宣讲黄大年的先进事迹，他在全体党员大会上提出：全体党员教师要起先锋作用，带头学习黄大年的崇高精神。学习他心有大我、至诚报国的爱国情怀，立志在新时代为祖国为人民建功立业；学习他教书育人、敢为人先的敬业精神，以立德树人作为教育工作的根本任务，勇于创新、敢为人先、开拓进取，全面提高学生的综合素质，坚定理想信念，厚植爱国主义情怀，培养德智体美劳全面发展的社会主义建设者和接班人；学习他淡泊名利、甘于奉献的高尚情操，忠诚党的教育事业，为人师表，恪尽职守，全心全意为国家培育人才。全体党员教师要立足本职工作，从自己做起，将“中国梦”与“强校梦”融为一体，为创建示范学校献计出力，为实现“强国梦”建功立业。

木松岭学校党支部通过专题党课，组织党员老师深入学习黄大年的先进事迹和崇高精神，撰写学习心得体会，激发老师的爱国情怀和敬业精神。大家表示，一是要像黄大年那样心有大我、至诚报国，把所学的知识和本领献给祖国；二是要像黄大年那样淡泊名利、甘于奉献，严守师德师风，处处为人师表，做到言传身教，充分展现共产党员的人格魅力；三是要像黄大年那样教书育人、敢为人先，把立德树人作为教育的根本任务，从自己做起，从本职岗位做起，勇于创新，敢于拼搏，争创一流的教学成绩。

（二）利用各种平台广泛宣传黄大年精神

港南区各中小学校都在校园内开辟了学习宣传黄大年先进事迹专栏。桥圩高中还利用老师微信平台、职工大会、校园网络、校园广播等多种形式，向广大师生宣传黄大年的先进事迹，号召全校师生以黄大年同志为榜样，从自己做起，从本职岗位做起，把爱国之情、强国之志、报国之行，融入教书育人之中。坚持社会主义办学方向，以凝聚人心、完善人格、开发人力、培育人才、造福人民为工作目标，着力培养德智体美劳全面发展的社会主义建设者和接班人。

港南中学还组织全体党员、教师到黄大年母校港北高中参观黄大年纪念馆。通过现场观看黄大年的生平事迹和丰功伟绩，老师们受到很大的震撼。回校后大家热烈讨论，抒发感想，一致认为，要把“小我”的教师本职工作，与“大我”的爱国主义教育紧密结合起来，以立德树人铸造校魂。在坚定理想信念上下功夫，在厚植爱国主义情怀上下功夫，因材施教，循循善诱，引导学生向黄大年学习，做一个有大爱、大德、大情怀的人。

（三）在学生中讲好“黄大年的故事”

我们根据《贵港日报》有关黄大年在贵县读书成长的报道，编辑整理成“黄大年的故事”：一是《欧阳海式的好少年黄大年》，讲述黄大年在贵县西江农场小学读书时做过的两件非常感人的事。第一件是机智勇敢“拦火车”；第二件是临危不惧救同学。黄大年小小年纪就干出两件惊天动地的事，说明他是一个有爱心的人、敢担当的人、干大事的人。二是《黄大年凿壁借风偷光的故事》，讲述黄大年在容县六堡矿区时，租住在农户的泥砖房里，没有窗户，又黑暗又闷热，他偷偷凿墙开洞，既通风凉爽，又“偷得”光线看书学习，表明黄大年是一个勤奋学习的好青年。三是《大科学家就在我们身边》，讲述黄大年在贵县附城高中勤奋读书、刻苦学习、坚持锻炼、热爱劳动的点滴故事。这些生动的“黄大年故事”，在各学校广为流传，同学们听得津津有味，喜闻乐见，深受感染。港南中学学生杨祥泽在学校“国旗下讲话”中说：我们要向黄大年学习，在学习、工作、生活中坚定理想信念，树立远大理想目标追求，将科学头脑与担当精神结合起来，将个人前途与国家命运结合起来，增强爱国情怀，刻苦学习，奋发进取，掌握科学知识，回报祖国和人民。

桥圩高中是一所农村普通高中，家庭贫困的学生多，通过宣讲“黄大年故事”，激发了贫困学生的热情和勇气。他们表示，要像黄大年那样，直面人生困难，不怕艰难险阻，勇往直前，敢于担当，开拓进取，努力学好文化科学知识，圆梦大学，报效祖国。

一分耕耘，一分收获，现在正是金秋收获季节。港南区中小学师生通过学习黄大年精神、学习习近平总书记在全国教育大会上的重要讲话，人人都受到了一次爱国情怀和敬业精神的深刻熏陶，政治意识、大局意识、核心意识和看齐意识进一步增强，从自己做起、从本职岗位做起，砥砺奋进，努力开创港南区教育的崭新局面！

作者：谭创宇，原任贵港市港南区教育局副局长、党组书记，现任贵港市港南区“关工委”副主任。

梁永和，原任贵港市港北区政府办公室副主任、档案局局长，现任贵港市“关工委”办公室副主任。

争做黄大年式的好教师

贵港市覃塘区覃塘三中党总支

习近平总书记对黄大年同志先进事迹作出重要指示，高度评价黄大年同志对我国教育科研事业作出的突出贡献，号召大家学习黄大年同志的崇高精神。这是党中央对广大知识分子的关怀与厚爱、期待与重托，在全国引起了强烈的反响。2016 年 7 月 1 日，覃塘三中党总支被评为“全国先进基层党组织”，在人民大会堂隆重举行的“庆祝中国共产党成立 95 周年大会”上，学校党总支书记、校长黄德艺登台领奖，亲自聆听了习近平总书记的重要讲话，深受鼓舞和鞭策。当他从首都北京手捧奖牌归来时，全校师生兴高采烈地迎接。2017 年 5 月 25 日，中央电视台新闻播放习近平总书记对黄大年同志先进事迹作出重要指示后，黄校长立即组织全体党员和老师，认真学习习总书记的重要指示，学习黄大年同志的先进事迹，大家又一次深受鼓舞和鞭策。特别是得知黄大年是从贵港市读书成长走出去的世界著名地球物理学家，党和国家给他追授那么多荣誉之后，老师们感到无比荣耀！

一年多来，覃塘三中党总支把学习贯彻习总书记的重要指示和习总书记在全国教育大会上的重要讲话紧密结合起来，在全校深入开展“争做黄大年式的好教师”活动。

一、学习黄大年心有大我、至诚报国的爱国情怀，人民教师要忠诚党的教育事业，全心全意为党为国家培育人才

2018年教师节，习近平总书记在全国教育大会上发表重要讲话，全面总结党的十八大以来教育改革发展实践中形成的新理念、新思想、新观点，围绕培养什么人、怎样培养人、为谁培养人这个根本问题，提出工作要求，做出战略部署，为加快教育现代化、建设教育强国、办好人民满意的教育指明了方向。

习总书记指出：“教育大计，教师为本。”培养优秀人才，必须有优秀教师。建设社会主义现代化强国，对教师建设提出新的更高要求，也是对全党尊师重教提出更高要求。加强党对教育工作的全面领导，不断提高教师待遇，弘扬尊师重教的社会风尚，让广大教师安心从教，热心从教，必将汇聚起教育事业改革发展的磅礴力量，培养大批德才兼备、担当重任的社会主义建设者和接班人。

这是党中央对人民教师的期待与厚爱、鞭策与鼓励。黄大年说：“我最看重的职业是教师，教书育人是教师的天职。”他还说：“我是国家培养出来的，只要祖国需要，我必全力以赴。”黄大年放弃在英国的优厚待遇，毅然回到祖国，回到他的母校吉林大学当一名全职教授。在七年时间里，他既是“李四光实验班”的班主任，又是博士生导师，呕心沥血为祖国培育人才。他至诚报国、忠诚党的教育事业，为人民教师树立了光辉榜样！

二、学习黄大年教书育人、敢为人先的敬业精神，人民教师要“立德树人铸就教育之魂”

习近平总书记指出：“国无德不兴，人无德不立。”育人之本，在于立德铸魂。立德，首先要在坚定理想信念上下功夫，在厚植爱国主义情怀上下功夫，教育引导学生树立共产主义远大理想和中国特色社会主义共同理想，增强“四个自信”，肩负时代重任，立志扎根人民，奉献国家，以高远的志向砥砺奋斗精神，在人生道路上刚健有为、自强不息。天下大事必作于细，必成于实。立德，也要在加强品德修养上下功夫，教育引导学生从自身做起，从点滴开始，在日常学习生活中培育和践行社会主义核心价值观，踏踏实实修好品德，成为有大爱、大德、大情怀的人。

黄大年既是杰出的战略科学家，又是目光高远的教育家。他说：“每一个学生都是块璞玉，只要因材施教定能成才。”他不光是给学生传授知识，而且根据国家发展的战略需要、按照学生的实际进行设计培养，让每一个学生都成为有用之才。他常常对学生说：“一定要出去，出去了一定要回来；一定要出息，出息了一定要报国。”他激励学生要树立远大理想和家国情怀，不能只做国内的佼佼者，应视发达国家一流大学的学生为对手，把最先进的科学技术学回来。在回国 7 年间，黄大年培养的研究生中，有 14 人获得省部级奖励、8 人获得国家奖学金、3 人获得“李四光奖”。

为了培育学生的爱国情怀，树立正确的人生观、价值观，学校组织党员老师认真讲好“黄大年的故事”，点燃学生的梦想。根据《贵港日报》连载发表的记者张日芳有关黄大年的事迹报道，深度展现了黄大年在贵县读书成长的感人故事，在初一、初二年级宣讲《著名地球物理学家黄大年成长足迹：书是最好的伙伴》的故事，引导学生开展大量阅读活动。黄大年的父母都是人民教师，经常给儿女讲钱学森、李四光等老一辈科学家勤奋读书的故事。在父母的影响下，黄大年从小勤学多思，成绩优异。黄大年高中毕业后参加工作，在第六地质队三分队做物探员，整天在大山沟里搞测量探矿，不管白天工作多苦多累，晚上总要点起煤油灯读书学习。他那装满一个木箱的书籍，总是工作到哪里就带到哪里。黄大年把课本图书视为宝贝，读书学习是他的最大乐趣。同学们听了黄大年博览群书的故事，各班班干部便主动与学校图书馆管理员联系，每班每周借阅图书 80 多本，在教室里设立“图书阁”，方便学生阅读，营造了良好的读书氛围。

初三毕业班则讲演“伟大科学家就在我们身边”“贵港大地出人才”的励志故事。黄大年出生在南宁，他从小跟随父母在贵县读书、工作、生活了 11 年。他分别就读于贵县西江农场小学和贵县附城高中（现港北高中）。高中毕业后又考入第六地质队当了两年物探员。黄大年在贵县度过了美好的青少年时期，为他的成长奠定了基础。1977 年国家恢复高考，黄大年以优异成绩考入长春地质学院，从此与地球物理结缘，并最终成为一颗巨星。初三毕业班学生面临中考，需要增强自信心。黄大年作为贵港本土成长走出去的杰出科学家，非常有说服力。黄大年心有大我、至诚报国的情怀，深深打动了同学们的心灵。大家都以实际行动，在中考复习阶段，争分夺秒学习，把三年学习的知识牢牢记在脑里。功夫不负有心人，2018 年中考，覃塘三中的中考成绩打破历史最高纪录，有 251 位学生取得总分 A+ 的优秀成绩，展示了全校师生自信、自强、团结、拼搏的“黄大年精神”。

三、学习黄大年淡泊名利、甘于奉献的高尚情操，人民教师要舍小家顾大家，坚持以校为家

习近平总书记指出，我国是中国共产党领导的社会主义国家，这就决定了我们的教育必须把培养社会主义建设者和接班人作为根本任务，培养一代又一代拥护中国共产党领导和我国社会主义制度、立志为中国特色社会主义奋斗终生的有用人才。

人民教师肩负着历史的重任，教师要为人师表，成为学生学习的典范。习近平总书记在对黄大年同志先进事迹的重要指示中，号召大家以黄大年同志为榜样，“学习他淡泊名利、甘于奉献的高尚情操”。这既是对黄大年崇高精神的高度评价，也是对广大知识分子的勉励和要求，激励我们见贤思齐、崇德向善，为推动国家发展、社会进步贡献智慧和力量。

黄大年老师被评为“全国最美教师”，并荣获“全国教书育人楷模特别奖”。

黄大年老师是人民教师的光辉典范。在学生的心目中，黄大年老师既是一位严师，又是一位慈父。他担任第一届“李四光实验班”的班主任，自掏腰包为班里 24 名学生每人买一台电脑。他说，信息时代就要用现代化的信息搜索手段，追求先进的理念，必须从细节开始。吉林大学地质宫顶楼冬冷夏热，黄大年给每个实验室配备了电暖气、电风扇；到了暑天，就让妻子张艳给学生们煮绿豆汤，用大锅盛着送过来；入冬时节，又让张艳包饺子给学生们吃；怕学生们想家，他几乎每个节日都让学生去他家吃饭，还亲自下厨做油焖大虾；出国时，他会带着两个空箱子，专门给学生买礼物。黄大年就是这样一位舍小家顾大家、坚持以校为家的优秀老师。

黄大年老师的精神境界，深深地鼓舞着覃塘三中的每一位老师。2018 年 9 月，开学不久，覃塘区教育系统开展了辍学劝返大行动。覃塘三中党总支动员全体老师学习黄大年精神，全力做好辍学劝返工作，保证做到：不让一个学生辍学，不放弃任何一个学生。学校党总支书记、校长黄德艺带头给自己安排任务。他和两位教师深入大郭村福龙屯进行家访，得知学生黄莉已经去广东打工。她家有姐姐和哥哥两人正在读大学，家庭经济十分困难。在家长的帮助下，黄德艺校长打电话联系到黄莉同学，经过一个多小时的思想动员、耐心劝导，黄莉同学终于在 9 月 23 日回到学校复学。为了帮助学生解决实际困难，黄校长还帮助黄莉申请“雨露计划”资助项目，减轻她家的经济压力。黄德艺校长还带头捐献 200 元，黄新革副主任捐献 100 元，随同两位老师各捐 50 元，给黄莉同学购买过冬的棉被和衣服，让她安心读书。

严毓兰副主任负责做辍学女生滕雅芝的劝返工作。9 月 19 日严副主任进行第一次家访，得知滕雅芝同学没爹没娘，靠堂叔和堂婶抚养。听说她跟同村姐妹已去广东打工，没有留下联系电话。听到这可怜的身世，严副主任更加坚定了劝返的信心。随后通过滕雅芝的大嫂，得到了滕雅芝的微信号，严副主任立即给她发微信，她总是不予回应。严副主任不厌其烦地天天给她发微信，劝她回校完成学业。9 月 29 日严副主任第二次家访，跟她的堂叔和堂婶讲明监护人的责任，要求一起做好滕雅芝的劝返工作。经过长达 12 天的微信沟通，通过耐心细致的思想工作，滕雅芝终于愿意回校，但她说没有路费。10 月 6 日严副主任通过微信给她汇去路费。10 月 7 日早上，严副主任又亲自到贵港城区西站接送滕雅芝回家，并与村干部一起做好她叔叔婶婶的工作，当晚滕雅芝同学就回到了学校。

9 月 19 日，庞树光副校长和谢贵勇、林海清老师来到姚山村群山屯，专门做陶东萍同学的劝返工作。得知该生因为父母离异而辍学，家中只有爸爸、弟弟和她 3 人，是建档立卡的贫困户。开学初，班主任陈老师曾多次进行家访，但仍未返校就读。这次庞树光副校长等 3 人再次到她家家访，经过一个多小时的动员教育，陶东萍同学还是说不想回校读书。9 月 28 日，庞树光副校长叫心理辅导室韦主任一同前往。韦主任与陶东萍单独谈心一个半小时，疏导她的心理问题。庞副校长等人也与她父亲进行了一个多小时的谈话，把《义务教育法》的有关规定讲清楚。经过努力，陶东萍终于愿意回校就读。当天晚上，她跟随庞树光副校长等人一起回到学校。

至此，覃塘三中没有一个学生辍学流失。

通过开展“争做黄大年式的好教师”活动，给全校党员、老师上了一堂生动的党建教育课和师德教育课，大家纷纷表示，要以黄大年老师为榜样，学习他的崇高精神，做一名人民满意的好教师。

叫您一声师兄是我们的骄傲

李青倩

一个甲子前，你降生在祖国南疆美丽的壮乡土地上。

你有快乐的童年，有兄弟姐妹，在父母的呵护下幸福成长。

你小学三年级的时候，和家人从自治区首府南宁辗转到桂东北的临桂县，一年后又随家人来到了有两千多年历史的古郡荷城（贵县），住在区直广西第六地质队的大院里。

到了荷城，你已是一个勤奋读书、成绩优秀的小学四年级学生。

你 12 岁那年，干了两件同龄人都感到了不起的大事：勇拦火车保车救人和勇救溺水同学。你勇敢、机智和有担当的个性已初显峥嵘。

小学毕业后，你只身远离父母到罗城念初中，早早养成了独立生活的习惯，锤炼了自强不息的品格。

初中毕业后，你回到了荷城，在东湖湖畔的附城高中就读，留下了刻苦学习、砥砺拼搏的故事。

高中毕业后，你成为广西第六地质队的物探操作员，日日夜夜奋斗在南疆的崇山峻岭，为祖国多找矿。

1977年你是恢复高考后的第一批天之骄子，以优异的成绩考上了长春地质学院应用地球物理系。在那里，你张开了理想的翅膀，在地球探测领域尽情翱翔。

1982年，你大学毕业后留校任教，担任了副教授。1992年你被国家派到英国留学，攻读博士学位。获博士学位后，你回到祖国，在吉林大学担任教授。一年后，又被派到英国从事科研工作。

2009年你阔别祖国18年后，作为国家“千人计划”专家回到了祖国。此时你的双亲已不在人世，你把对父母的情、对父母的爱完全融入祖国改革发展的伟大事业之中，融入人民创造历史的伟大奋斗之中。

你回国的7年时间里，带领相关技术科研团队，夜以继日地试验攻关，使得中国快速移动深地探测技术跻身国际前列，创造了多项“中国第一”。

2017年1月8日，你——广西人民的优秀儿子、当今中国不可多得的战略科学家，因病不幸逝世，壮乡人民为你深感痛惜！

2017年5月24日，习近平总书记对你的事迹作出重要指示。向你学习的热潮席卷大江南北。

我们要以你为榜样，学习你“心有大我、至诚报国”的爱国精神。

你把为祖国富强、民族振兴、人民幸福贡献力量作为毕生追求，你为祖国教育科研事业作出了突出贡献。

你的一生是光辉的一生。

是你，在我们学校留下了刻苦学习、努力奋斗的身影和足迹，我们学校才有了一个光辉的名字——“黄大年母校”！

是习总书记的重要指示，我们学校才有了新的航标——“心有大我、至诚报国”！这八个大字成为我们学校的校训，你的精神就是我们学校的校魂。

你，不！应该称呼“您”。您有一个响亮的名字——“黄大年”！我们为您感到自豪！

轻轻地叫您一声“师兄”，是我们港北高中全体同学的骄傲！

作者：李青倩，贵港市港北区高级中学1606班学生。

中华国学经典精粹

鬼谷子

GUI GU ZI

【战国】鬼谷子 著
贾立芳 译

北京联合出版公司
Beijing United Publishing Co.,Ltd.

图书在版编目（CIP）数据

鬼谷子 /（战国）鬼谷子著；贾立芳译．—北京：北京联合出版公司，2015.7（2022.5 重印）

（中华国学经典精粹）

ISBN 978-7-5502-4342-2

Ⅰ．①鬼… Ⅱ．①鬼… ②贾… Ⅲ．①纵横家 ②《鬼谷子》—通俗读物 Ⅳ．① B228-49

中国版本图书馆 CIP 数据核字（2015）第 000006 号

鬼谷子

作　　者：（战国）鬼谷子

责任编辑：王　巍

封面设计：曹柏光

北京联合出版公司出版

（北京市西城区德外大街 83 号楼 9 层　100088）

北京华夏墨香文化传媒有限公司发行

三河市冀华印务有限公司印刷　新华书店经销

字数 130 千字　880 毫米 ×1230 毫米　1/32　5 印张

2015 年 7 月第 1 版　2022 年 5 月第 18 次印刷

ISBN 978-7-5502-4342-2

定价：39.80 元
